杰出的书画大家赵孟頫

主编 金开诚
编著 李继安

吉林文史出版社
吉林出版集团有限责任公司

图书在版编目（CIP）数据

杰出的书画大家赵孟頫 / 李继安编著. —长春：吉林出版集团有限责任公司：吉林文史出版社，2010.11（2022.1重印）
ISBN 978-7-5463-4091-3

Ⅰ.①杰… Ⅱ.①李… Ⅲ.①赵孟頫（1254～1322）－传记－通俗读物 Ⅳ.① K825.72-49

中国版本图书馆 CIP 数据核字（2010）第 222308 号

杰出的书画大家赵孟頫
JIECHU DE SHUHUA DAJIA ZHAOMENGFU

主编／ 金开诚 编著／李继安
项目负责／崔博华 责任编辑／崔博华 高原嫒
责任校对／高原嫒 装帧设计／李岩冰 刘冬梅
出版发行／吉林文史出版社 吉林出版集团有限责任公司
地址／长春市人民大街4646号 邮编／130021
电话／0431-86037503 传真／0431-86037589
印刷／三河市金兆印刷装订有限公司
版次／2010年11月第1版 2022年1月第5次印刷
开本／650mm×960mm 1/16
印张／9 字数／30千
书号／ISBN 978-7-5463-4091-3
定价／34.80元

编委会

主　任：胡宪武
副主任：马　竞　周殿富　董维仁
编　委（按姓氏笔画排列）：

于春海　王汝梅　吕庆业　刘　野　孙鹤娟
李立厚　邴　正　张文东　张晶昱　陈少志
范中华　郑　毅　徐　潜　曹　恒　曹保明
崔　为　崔博华　程舒伟

前 言

文化是一种社会现象，是人类物质文明和精神文明有机融合的产物；同时又是一种历史现象，是社会的历史沉积。当今世界，随着经济全球化进程的加快，人们也越来越重视本民族的文化。我们只有加强对本民族文化的继承和创新，才能更好地弘扬民族精神，增强民族凝聚力。历史经验告诉我们，任何一个民族要想屹立于世界民族之林，必须具有自尊、自信、自强的民族意识。文化是维系一个民族生存和发展的强大动力。一个民族的存在依赖文化，文化的解体就是一个民族的消亡。

随着我国综合国力的日益强大，广大民众对重塑民族自尊心和自豪感的愿望日益迫切。作为民族大家庭中的一员，将源远流长、博大精深的中国文化继承并传播给广大群众，特别是青年一代，是我们出版人义不容辞的责任。

本套丛书是由吉林文史出版社和吉林出版集团有限责任公司组织国内知名专家学者编写的一套旨在传播中华五千年优秀传统文化，提高全民文化修养的大型知识读本。该书在深入挖掘和整理中华优秀传统文化成果的同时，结合社会发展，注入了时代精神。书中优美生动的文字、简明通俗的语言、图文并茂的形式，把中国文化中的物态文化、制度文化、行为文化、精神文化等知识要点全面展示给读者。点点滴滴的文化知识仿佛颗颗繁星，组成了灿烂辉煌的中国文化的天穹。

希望本书能为弘扬中华五千年优秀传统文化、增强各民族团结、构建社会主义和谐社会尽一份绵薄之力，也坚信我们的中华民族一定能够早日实现伟大复兴！

目录

一、生平介绍　　　　　　　　　001

二、绘画成就　　　　　　　　　033

三、书法成就　　　　　　　　　067

四、诗文成就　　　　　　　　　087

五、历史地位与影响　　　　　　109

一、生平介绍

生平介绍

赵孟頫，元代著名画家。生于1254年，卒于1322年，享年68岁。赵孟頫一生很显赫，其绘画、书法、诗文成就都很高，并且在绘画和书法方面还是当时文化界的领头人，不过作为赵宋宗室之后，赵孟頫的一生实在是充满了无尽的哀伤和尴尬。他的书法和绘画对后世的影响极为深远，他在我国书画史上的地位极为重要。

(一) 坎坷的青少年时期

赵孟頫,字子昂,号松雪道人,又号水精宫道人、鸥波。因为他是吴兴(今浙江湖州)人,故画史上又称他为"赵吴兴"。赵孟頫为元代承上启下的著名画家,还是楷书四大家(欧阳询、颜真卿、柳公权、赵孟頫)之一。他是宋太祖赵匡胤的第十一世孙,秦王赵德芳的后代。他的五世祖是安僖王子偁,南宋高宗没有儿子,就立了子偁的儿子为宋孝宗,赵孟頫的四世祖伯圭,乃是宋孝宗的兄长。伯圭被赐第于湖州,赵孟頫因而生于湖州吴兴。赵孟頫的曾祖师垂,祖父希永,父亲与告,在宋朝都做过大官。到了元朝,又因为赵孟頫的地位尊贵,赠师垂为集贤侍读学士,赠希永为太常礼仪院使。封赵孟頫为吴兴郡公、集贤大学士，死后被元英宗追封为魏国公，谥号文敏。

赵孟頫经历了南宋灭亡的变故，他有时做官，有时隐居。赵孟頫出身虽然尊贵，但生不逢时，青少年时期南宋王朝已经摇摇欲坠。他的父亲赵与告官至户部侍郎兼知临安府浙西安抚使，赵与告擅长诗文，收藏丰富，给赵孟頫以很好的文化熏陶。但是赵孟頫11岁时父亲便去世了，家境越来越差，日子过得比较艰难。赵孟頫的生母丘夫人对他的要求很高，曾流泪告诫孟頫："汝幼孤，不能自强于学问，终无以觊成人，吾世则亦已矣。"她还告诫赵孟頫要"多读书""以待圣朝之用""以异于常人"。赵孟頫自幼聪明敏锐，有过目不忘的记忆力，拿起笔就能写出好文章。赵孟頫学习很用功，白天晚上都不歇息。他14岁时，因为父亲曾经是大官，受到恩泽，补了个

官职，不过之后仍是以读书、练字、作文为主。不满20岁，"试中国子监，注真州（今江苏六合、仪征一带）司户参军"。参军只是一个下级小官。那时南宋王朝已经处于风雨飘摇之中了。本来就十分腐朽的政权，再经奸相贾似道欺误，已经浊乱不堪。同时的蒙古军日益强大，分兵几路

进军南宋，南宋的灭亡势在必然。赵孟頫23岁时，元人攻进南宋都城临安，恭帝投降。元军渡过钱塘江，继续追击南宋的残余势力。国乱如麻，赵孟頫却能够继续钻研学问，以谋"异于常人"。赵孟頫26岁时，宋王朝的残余势力完全被元军消灭。他的母亲又一次勉励他，要他多

读书，"以异于常人"。赵孟頫更加用功学习，当时他向寓居在湖州的老儒敖继公学习，质问疑义，经明行修。他还经常写字、作画、吟诗，他和钱选等八人被称为"吴兴八俊"，名声很高，就连朝廷也知道了。当时任江南浙西道提刑按察司事的夹谷之奇就特别欣赏他。后来，夹谷之奇做了主管官吏的吏部尚书，就推举他为翰林国史院编修官，赵孟頫却推辞了。

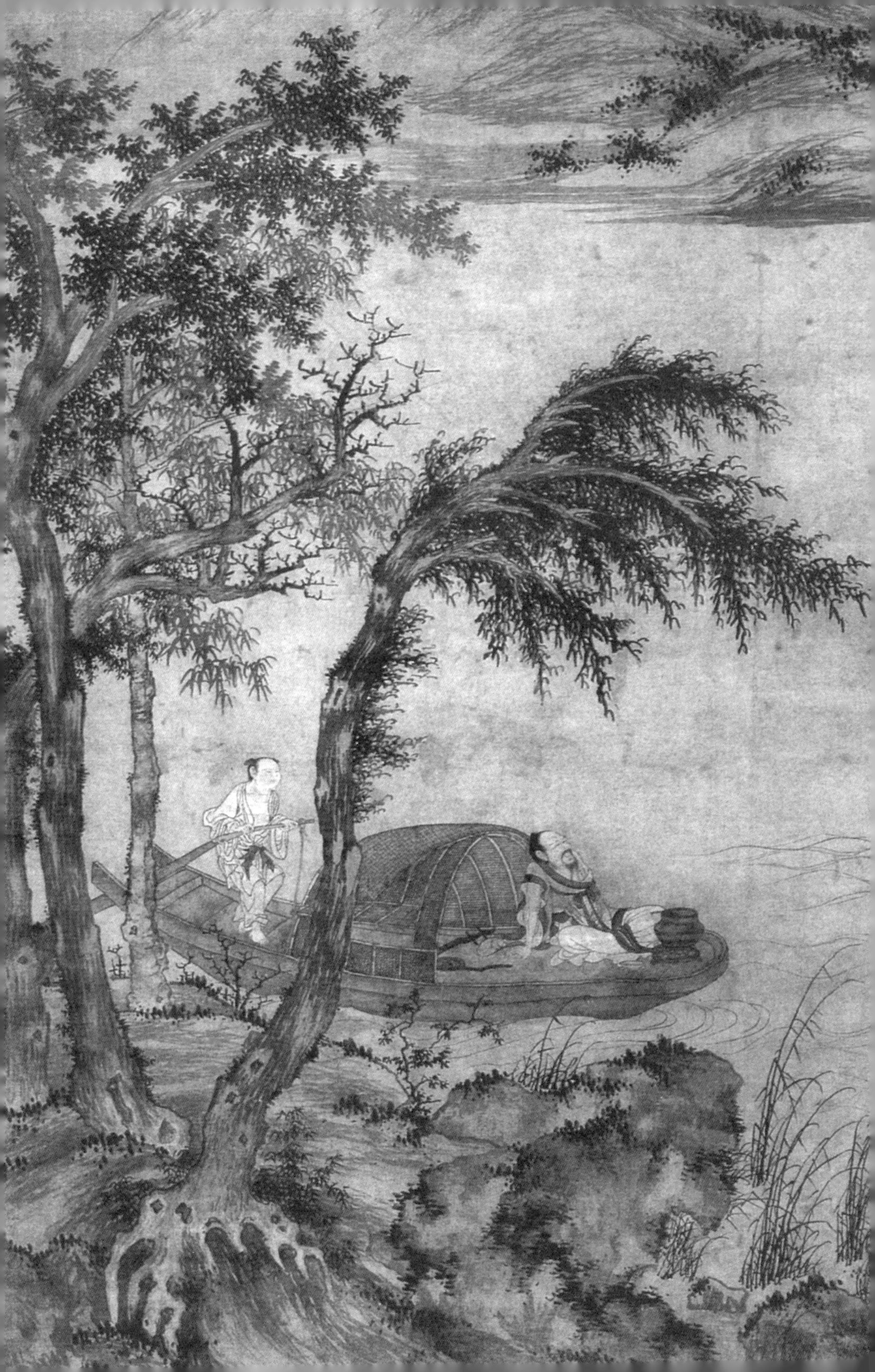

(二)备受宠幸时期

据《宋史翼·赵若恢传》记载,赵孟頫后来躲避到新昌山,与其族叔赵若恢比邻而居,两人很投缘。又听说元朝皇帝搜求赵氏有贤能的人,他就转入天台山隐居。行台侍御史程文海(程钜夫)第一次去江南的时候,绑架赵孟頫强行要他做官,赵孟頫推说有病,不愿做官,还说古代的尧舜都允许巢父、许由隐居,自己愿意做隐士。程文海赞赏他的大义,就释放了他。程文海第二次奉召搜访遗隐的贤才时,临行前特别向元世祖忽必烈推荐了赵孟頫。元至元二十三年(1286年),程文海在江南得贤才二十余人,赵孟頫"居首选"。这一次赵孟頫没有拒绝。初到京师,赵孟頫立即受到元世祖忽必烈的接见。元世祖赞赏其才貌高绝，惊呼为"神仙中人"，用各种尊贵的礼节款待他，任命他为从五品官阶的兵部郎中。这时，他已经33岁，正是踌躇满志之时。当时赵孟頫得意地写了一首诗："海上春深柳色浓，蓬莱宫阙五云中。半生落魄江湖上，今日钧天一梦同。"虽然有部分元朝贵族猜疑、排挤他，但元世祖对赵孟頫却深信不疑。赵孟頫对元世祖也是感恩不尽，他有诗说："往事已非哪可说，且将忠直报皇元。"这也正是他精神状态的写照。他为元世祖起草诏书，挥笔立就，并且与世祖的本意吻合。与众官员议论立法，有自己的见解，能摒除别人的观点。元世祖几次想要重用他，都因为有人非难而没有实行。到京后，赵孟頫的生活并不富裕，世祖曾"赠钞五十锭"。在兵部郎中任上，赵孟頫主管全国驿站的配置，期间施行了不少仁政，并极力阻止了丞相桑哥的暴虐行为。他还曾经责问江浙行省的丞相轻视法律之罪，和尚书刘宣一起到江南查问。庚寅（1290年）年拜集贤直学士（官阶从四品），奉议大夫。这一年，发生了地震，北京受灾最严重，还出现了地

陷，有黑沙水涌出，死伤数万。皇帝询问缘由，赵孟𫖯借此出谋诛杀了丞相桑哥。由于赵孟𫖯在朝臣中的影响很大，加上铲除对手的胜利，皇帝对他更加信任，待遇也比以前更好了。元世祖委托赵孟𫖯大量政务，替自己分忧。皇帝和赵孟𫖯谈话，向来很谈得来，有时一直谈到深夜才

结束。世祖在大臣奏事时,经常由赵孟𫖯来裁决谁说得对谁说得不对。此时赵孟𫖯权势虽然很大,但他的头脑十分清醒,他知道自己出入要地,一定会惹人嫉恨。福兮祸所伏,所以他从此很少入宫,极力要求外任,离开京师。至元二十九年(1292年)正月,赵孟𫖯升朝列大夫并出任济南路总管府事,他在济南四年左右,在此期间,办学兴文事,为济南培养了一大批人才。

元贞元年(1295年),元世祖去世。铁穆耳继位,他就是元成宗。因为要编修《世祖皇帝实录》,赵孟𫖯又被召回京城。可是朝廷内部矛盾重重,有自知之明的赵孟𫖯便借病乞求还乡。夏秋之交,他终于回到了阔别多年的故乡吴兴。当然,他归乡后,并不是所有江南遗隐对他都很热情,其最亲密的朋友是周密（诗人、作家、书画收藏家）。赵孟頫出示了自己多年收藏的唐宋名画给周密看。周密是齐地人，他又为周密画了齐地风光。我们今天可以见到的《鹊华秋色图》，也就是赵孟頫在济南时所见。赵孟頫在吴兴闲居只有两年时间，可是创作很丰富，还和朋友一起观看了许多古今名作。又应邀到杭州，与好友们，如鲜于枢、仇远、戴表元、邓文原等人吟诗、作画、观图，很是潇洒，过着与世无争的宁静生活。大德丁酉年（1297年），赵孟頫44岁，又被任命为太原路汾州知州，但他没有去上任，在家整理了四书五经，考证编订了《今古文集注》。次年戴表元为他的《松雪斋诗文集》作序，评价非常高，称"古赋凌厉顿迅，在楚汉之间；古诗沉涵鲍谢，自余诸作，犹傲睨高

适、李翱云"，高度赞扬了赵孟頫的诗文成就。大德三年（1299年）八月，赵孟頫受任集贤直学士，行江浙等处儒学提举。主管与学校、考试、礼仪、教养、钱粮等有关的事情。官职虽无升迁，但此职务不需离开江南，又与文化界联系密切，相对儒雅而闲适，比较适合赵孟頫的性格，他一直任职11年。直到元成宗死后，元武宗继位的第二年才任满。这十多年中，他遍游江浙名胜，广交各地贤士名人，饱览大量名画遗存，创作了许多诗文、书法、绘画作品。

元武宗乙酉年（1309年）七月，皇帝打算升任赵孟頫为中顺大夫，但是赵孟頫没有接受。那时还没有继承帝位的武宗的儿子爱育黎拔力八达，在东宫广泛招揽人才，赵孟頫被召入宫，在庚戌年

（1310年）十月，拜为翰林侍读学士，管理制定制度，发布律令，并编修国史。这一年他创作了《松水盟鸥图》，至今还保存完好。1312年，爱育黎拔力八达登基做了皇帝，他就是元仁宗。不久，他升任赵孟頫为集贤侍讲学士（相当于皇帝的文史顾问），中奉大夫，官阶为从二品。他的夫人管道昇也被封为吴兴郡夫人。赵孟頫因元世祖简拔，与他很是亲密；到了元仁宗时，可以说恩宠达到了极限，连父亲和祖父都得到了封赠。一年后改封翰林侍讲学士，同年十一月又转集贤侍读学士，正奉大夫。次年

又升集贤学士，资德大夫。再一年多拜为翰林学士承旨（相当于推荐他的程钜夫，当时程卸任回乡，赵孟頫接替了他），荣禄大夫。几年间，不断加官晋爵，官居从一品，推恩三代，父、祖、曾祖都得到封赠。赵孟頫的夫人管氏被封为魏国夫人，可谓荣华已极。仁宗几天不见孟頫，就派人问讯，就连管道昇脚气病犯了，仁宗皇帝都派太医前去诊治。有人不理解仁宗皇帝的用意，就在中间诽谤离间，但是都被仁宗严词驳斥,并给毁谤者加罪,目的是要消除闲言。当然,赵孟頫也十分感激仁宗的恩宠,他忙于书写大量的制、表、经卷、碑文,还写了很多颂扬之词。他曾写《万寿曲》来祝贺仁宗岁始,称仁宗为"太平天子"。他和元朝的权贵以及地位较高的书画家也交往甚密,如脱帖木儿、

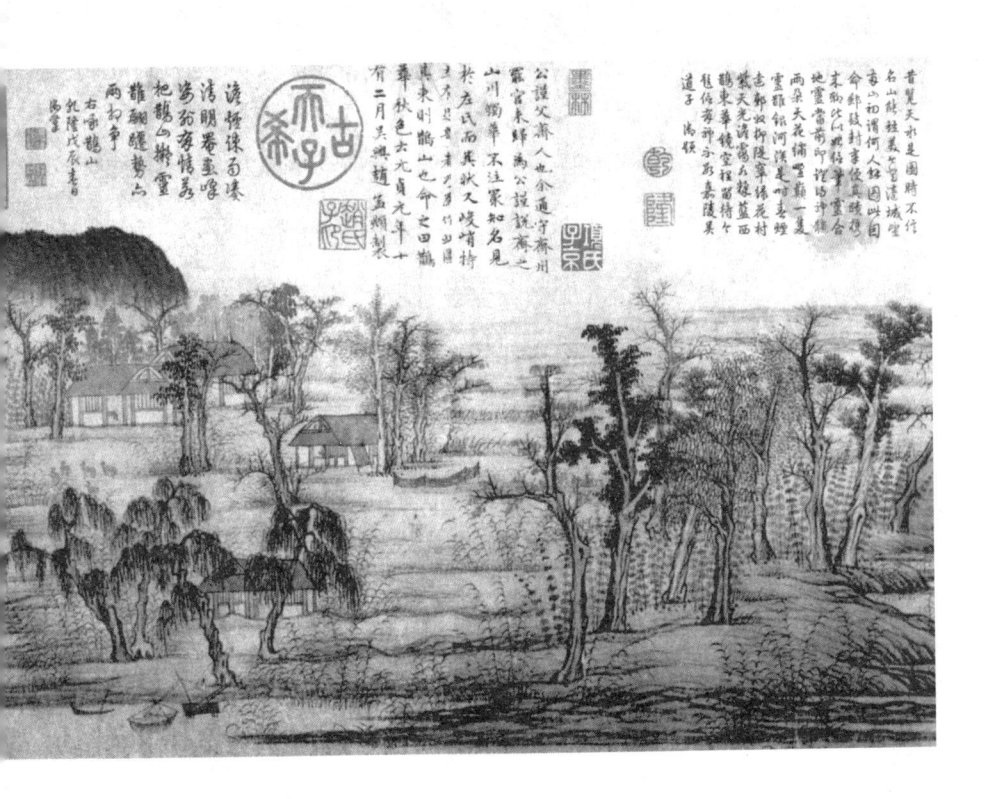

高克恭、何澄等人。他的许多学生、朋友因为他的原因，也得以到京师为官，慕名拜师的人也有很多。己未（1319年）年，赵孟頫66岁，因为他的夫人管道昇旧病越来越厉害，就向元仁宗请假，得到恩准，返回了老家。四月二十五日从大都（今北京）出发，五月十日到临清，管道昇因病死于舟中，终年58岁。赵孟頫"哀痛已极"，和他的儿子赵雍护灵柩回归吴兴。到家后，便在家超度夫人亡灵，仁宗又派人送来绸缎多匹慰问。这年冬天,仁宗又召他还朝,他因为有病没有离开故乡。到了至治元年(1321年),元英宗即位,对赵孟頫依旧待遇优厚。第二年六月十六日,赵孟頫白天还在吴兴老家观书写字,像平常一样谈笑风生,晚上却安详地离开了人世。享年68岁,追封魏国公,谥文敏。赵孟頫晚年声名显赫,夏文彦《图绘宝鉴》盛赞他"荣际王朝,名满四海"。

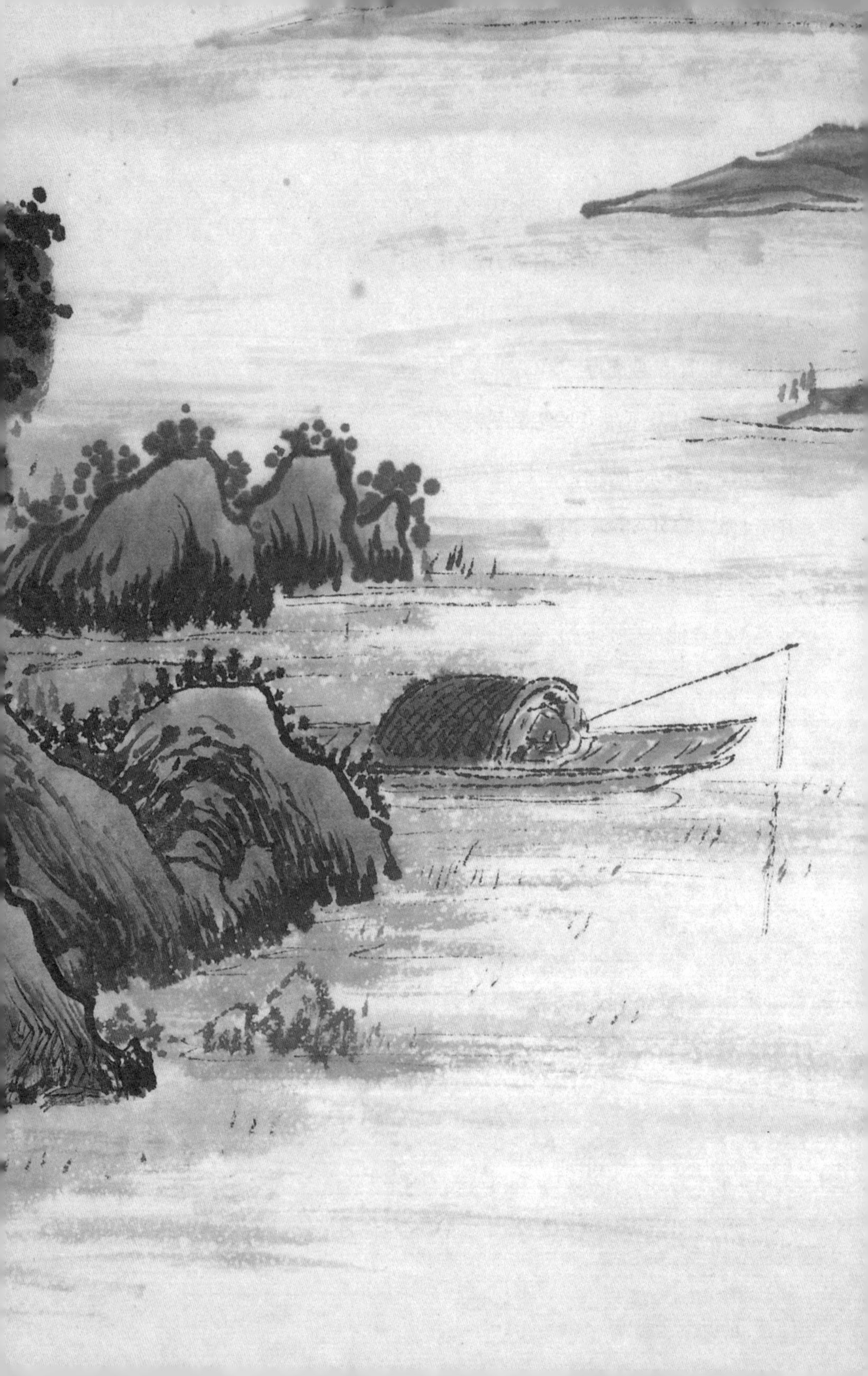

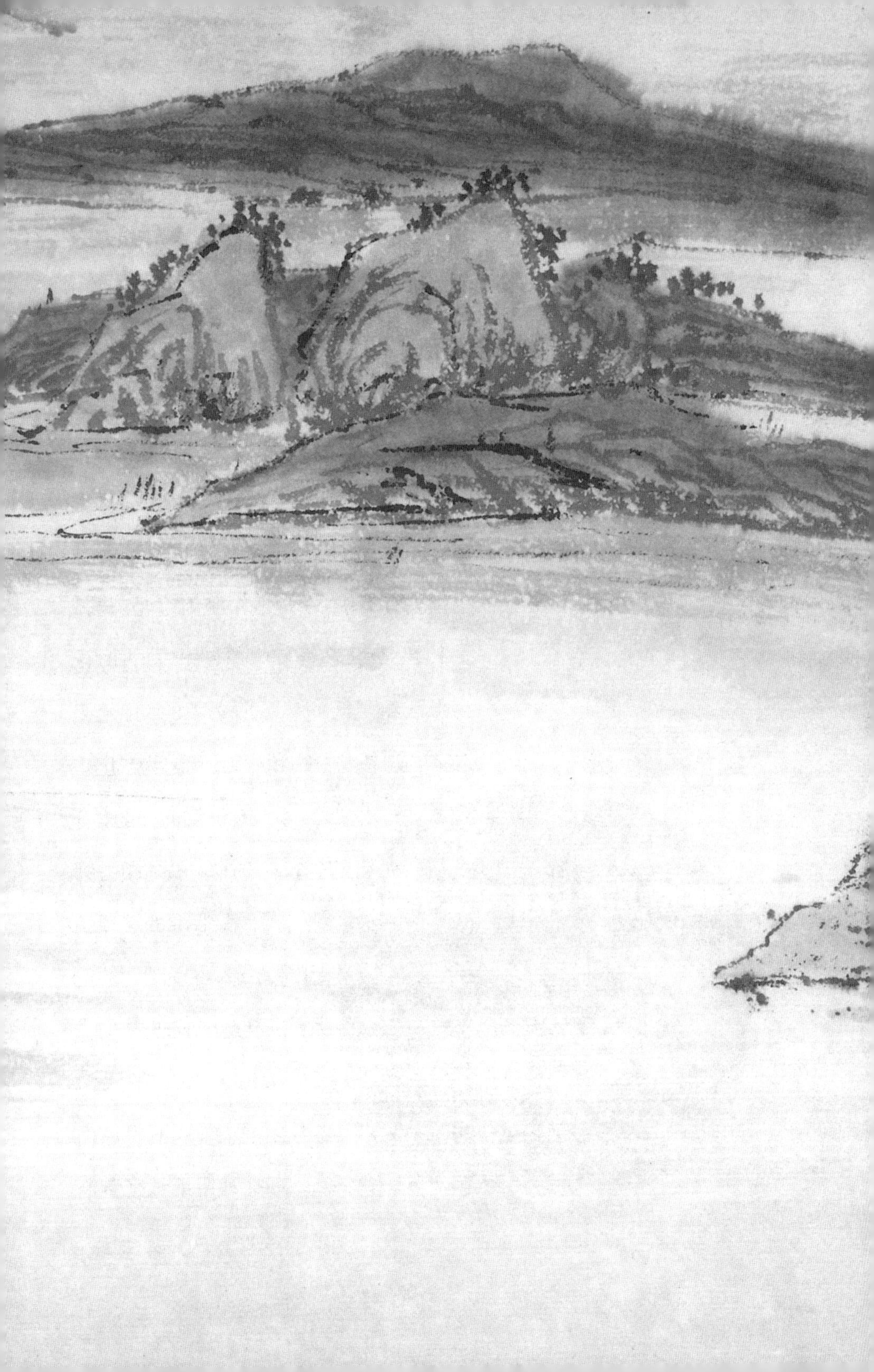

（三）关于赵孟頫的几个故事

其一，议法。赵孟頫在兵部郎中任上时，元世祖召集百官在刑部议法。众官员准备拟定收取至元钞二百贯赃款者可以处死刑，赵孟頫却说："开始造纸钞时，是用银钱来衡量的，银钱实，纸钱虚，虚实是相一致的。到现在有二十多年了，虚实相去有十倍，所以改中统为至元，再过二十年，至元还会和中统一样的。古时认为米和绢是人们生活所必需的，称之为二实，银、钱与二物相权衡，称之为二虚。这四样才是有价值的，虽然有时升，有时降，可是相去都不会太大。收取的赃钱用绢来衡量，最为合适。况且钞票是宋代创制的，在边境使用时，金人沿袭着用的，都是不得已而仿效的，现在却用纸钞来判断人的生死,似乎不足取。"有人责备赵孟頫说:"现在朝廷用至元钞,所以犯法者用它来衡量论罪。而你认为不对,难道要阻滞至元钞的使用吗?"赵孟頫说:"法律关系到人的生命,制定时可轻可重,有时候可以免除人的死罪。我今天奉皇帝的命令参与议论,不能不说。中统钞虚,所以今天使用至元钞,谁能说至元钞永远不会虚呢?你现在不遵循事理,反倒用权势压人,可以吗?"那个人听后面有愧色。

其二,不遣虎臣。当时有个叫王虎臣的,说平江地区的总管赵全不守法律。皇帝就让王虎臣前往访察。当时的右丞相叶李一再进言,说不应该让虎臣前去调查,皇帝就是不听。赵孟頫献言说:"赵全当然要接受调查,然而虎臣以前曾经在那里做过大官,曾经多次强买别人的

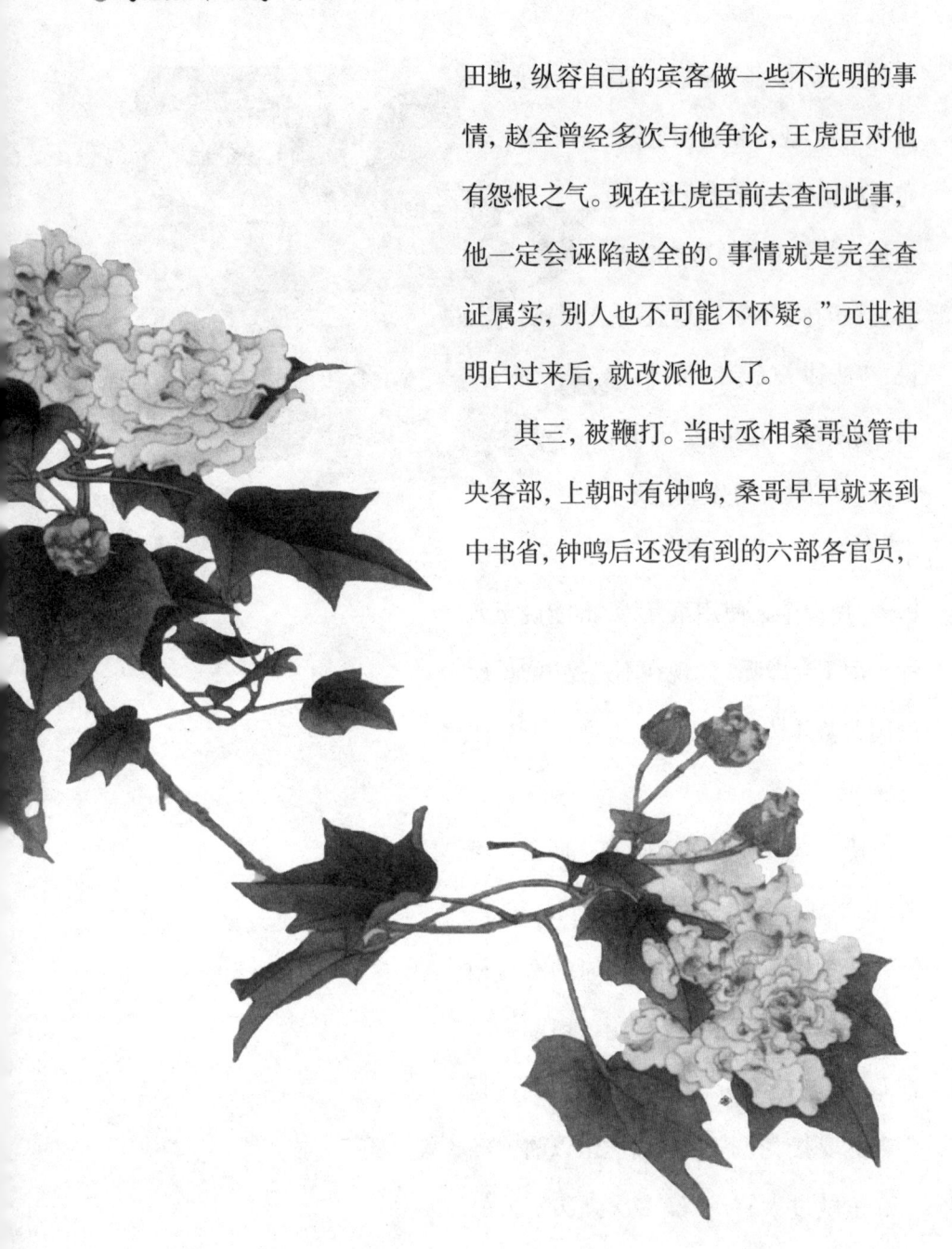

田地，纵容自己的宾客做一些不光明的事情，赵全曾经多次与他争论，王虎臣对他有怨恨之气。现在让虎臣前去查问此事，他一定会诬陷赵全的。事情就是完全查证属实，别人也不可能不怀疑。"元世祖明白过来后，就改派他人了。

其三，被鞭打。当时丞相桑哥总管中央各部，上朝时有钟鸣，桑哥早早就来到中书省，钟鸣后还没有到的六部各官员，

就要挨鞭子。有一次赵孟頫来迟了,断事官立即把赵孟頫拉出去进行了鞭打。之后,赵孟頫向右丞相叶李诉说道:"古者刑不上大夫,是要他们有廉耻之心,教他们懂得礼节和大义。而且侮辱士大夫,也就是侮辱朝廷啊。"桑哥知道后,赶快慰问了孟頫,并且从此之后,只有部级以下的官员才受鞭刑。

其四,解民困。赵孟頫在集贤直学

士、奉议大夫任上时，北京发生了地震，并且出现了地陷，还有黑沙水从地下涌出，百姓死伤过万，皇帝对此非常担忧。赶紧召集集贤院和翰林院两院官员，讨论出现灾难的原因。参与讨论的人都畏惧丞相桑哥，都只是泛泛地引用《经》《传》和五行关于灾难神异的话，认为要多重视人民的事情来应对上天的变化，没有人敢提到当时真正的政治问题。在地震之前，桑哥派遣忻都和王济理算天下钱粮，已经征入了数百万，还有数千万没有收上来。老百姓被害得无以为生，自杀的一个接一个，有逃进山林的，就派兵抓捕，没有人敢阻挡征收钱粮这件事。赵孟頫与阿喇浑撒里关系很好，就劝他密奏皇上赦免天下，把钱粮赋税废除掉，或许上天可以变得慈善。阿喇浑撒里就如孟頫所言上

告皇帝。皇帝听从，就免除了钱粮之事。诏书已经拟好，桑哥很生气，说这一定不是皇帝的本意。赵孟頫说："那些没有收上来的钱粮，他们的人已经死光了，还能从哪里征收呢？现在不及时免除，将来有人以缺失数千万钱粮之罪责备尚书省，难道不连累丞相你吗？"桑哥顿时醒悟，老百姓也终于幸免于难。

其五，计除桑哥。元世祖曾经问及叶李和留梦炎两人谁的人品更好，孟頫说："梦炎是我父亲的上司，他为人沉稳厚道，做事非常自信，有谋略且能断大事，有能担当大臣的禀赋；叶李读过的书，臣都读过，叶李的所知所能，臣都知之能之。"皇帝说："你认为梦炎比叶李更贤德吗？留梦炎在宋时是状元出身，曾做过丞相，当贾似道为患朝政时，梦炎依附于他，阿谀奉迎来取悦；而叶李是一介布衣，却能上书皇帝，言明实际朝政，比梦炎有贤德啊。你却认为梦炎是你父亲的朋友，不敢直言他的过失，可以作诗来讽刺他。"孟𫖯的诗句中有"往事已非哪可说，且将忠直报皇元"之语，元世祖非常欣赏这一句。赵孟𫖯退下来对大臣彻里说："皇帝说起贾似道误国，责怪留梦炎不告知皇上，现今桑哥的罪状比贾似道

更重,而我们却不明言,将来我们如何推却自己的罪责哪? 然而我是被疏远的汉人,说了恐怕皇帝不听。皇帝近臣中能够读书知礼仪,慷慨有大节,又让皇帝信得过的人中,您是第一号人物。今天以先生你一条命,为十万、百万百姓除去祸患,是仁者的举动啊,您一定要把这件事进行到底。"于是彻里就向元世祖细说了桑哥的罪状恶行,皇帝不相信彻里,就命令卫士用竹篾打他的脸颊,打得他口鼻里都是血,一直流到地上。过了一会再问,仍然如方才所说,一点也不改变。当时有的大臣见有人先说了桑哥的罪状,就相继上言,揭发桑哥。于是皇帝按罪行诛杀了桑哥,罢黜尚书省,许多官员因为桑哥之事而被免职。

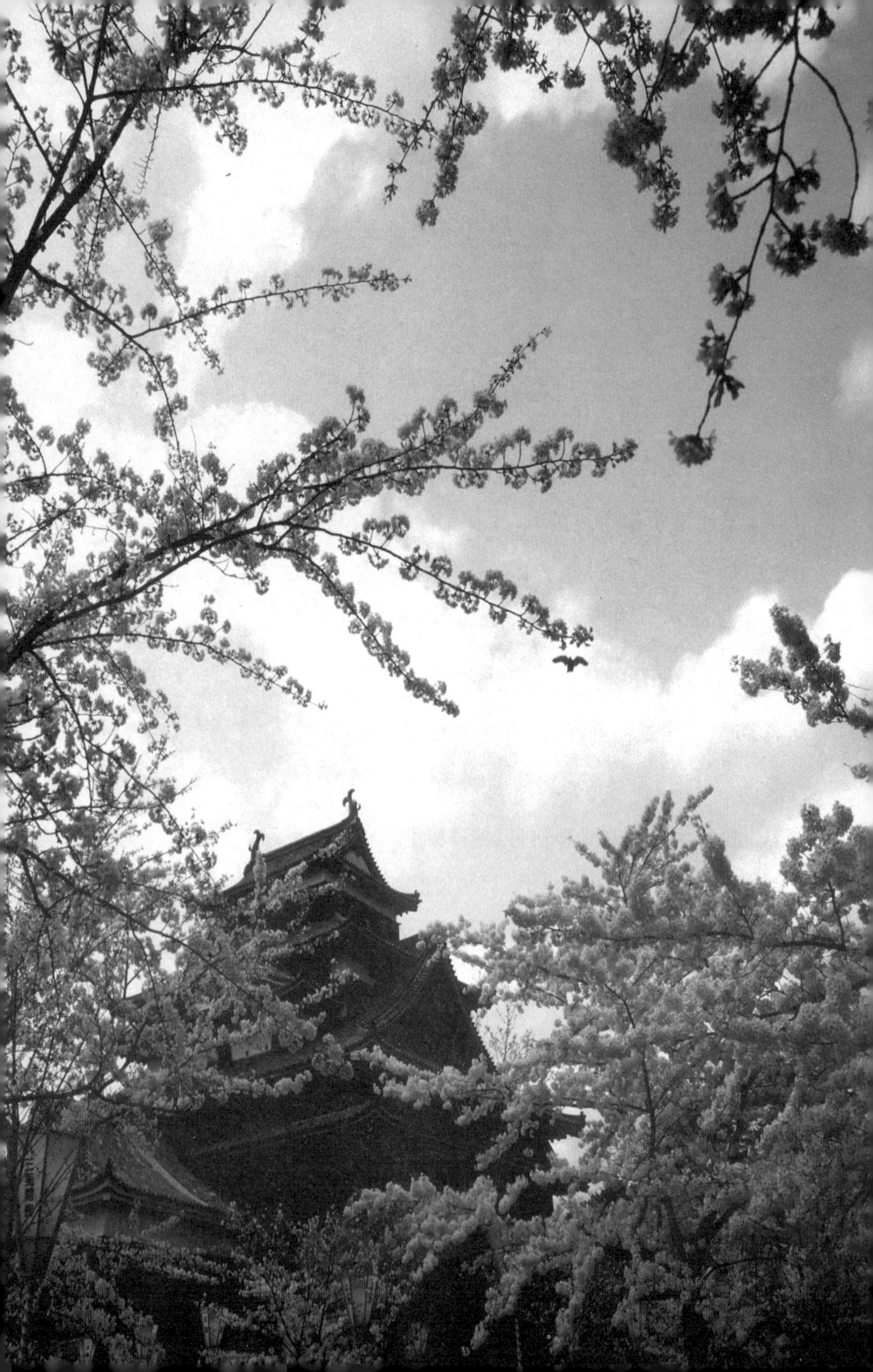

二、绘画成就

（一）绘画理论

明代文人王世贞曾经说过："文人画起自东坡，至松雪敞开大门。"意思是说文人作画从北宋的苏东坡开始，到了元代赵孟頫的时候，开始出现大批文人作画了，文人画也有了生气。这句话基本上客观地道出了赵孟頫在中国绘画史上的地位。无论是研究中国绘画史，还是研究

中国文人画史，赵孟頫都是一个必须提及的关键人物。如果说唐宋的绘画意趣在于绘画和文学相辅相成，那么元代以后绘画意趣更多地体现在书法的写意上，而赵孟頫就是这中间的桥梁；如果说元代以前的文人画运动主要表现为舆论上的准备，元代以后的文人画运动则以其成功的实践，逐步取代正规画而成为画坛的主流，那么，赵孟頫就是引发这种变化的最关键人物，所以说赵孟頫是画坛变革转型时期承前启后的大家。赵孟頫在绘画方面有以下几点是前人所不及的：

一是他提出"作画贵有古意"的口号，扭转了北宋以来画坛古风逐步湮没的颓败形势，并且使绘画从工艳琐细的风气转向质朴自然。古意指的就是传统，赵孟頫明确指出："作画贵有古意，若无古意，虽工无益。今人但知用笔纤细，傅色浓艳，便自为能手，殊不知古意既亏，百病丛生，岂可观也。吾所作画，似乎简率，然识者知其近古，故以为佳。此可为知者道，不为不知者说也。"他所说的"古意"指的是北宋以前的画法，"今人"指的是学习南宋末画法的人。今人"用笔纤细"，指的是南宋马（远）夏（圭）一派的纤细刚劲的线条，这种线条的变化很有限，"傅色浓艳"的画，在现存的南宋画院的山水小品中较为常见，元初仍保持这种画风。南宋的画法自有它的优点，然

而太因循守旧就不好了,大画家就是要能从一种已经形成的环境中另辟蹊径,将艺术带入另一种全新的境地,这就叫"变革"。

历史上每遇沧桑变易之际,文化很容易失去特定的规范,这时人们就会以历史作为一面镜子,从古代的启示中去寻找医救时弊的良方,如孔子的"克己复礼"、魏晋"竹林七贤"的返璞归真、唐宋的"古文运动"等,重视传统成为中国文化的特色之一。赵孟頫提倡"古意"的出发点也

不例外，南宋刚拔苍劲、锋芒毕露的画风到元朝初年已经走向尽头，变革势在必行。赵孟頫引晋唐为法鉴，批评南宋险怪霸悍和琐屑浓艳的画风；另外，作为一位士大夫画家，他还一反北宋以来文人画的墨戏态度。这样，从价值学原则上讲赵孟頫既维护了文人画的人格趣味，又摒弃了文人画的游戏态度；从形态学原则上讲，赵孟頫既创建了文人画特有的表现形式，又在功力格法上无愧于正规画，并在绘画的各种画科中进行全面实践，

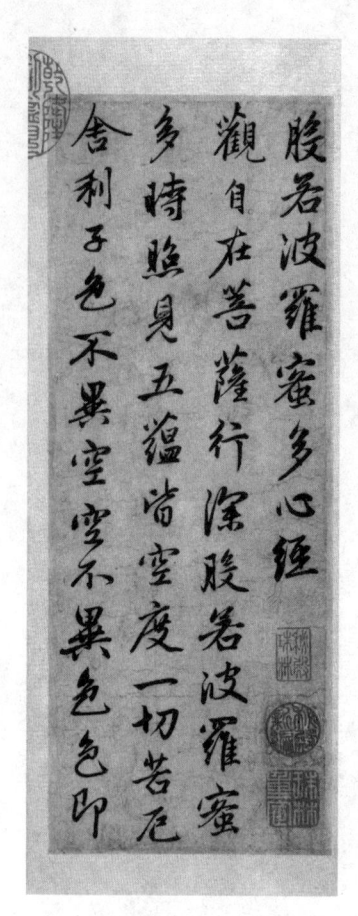

从而确立了文人画在画坛上正规画的地位。应该说,赵孟頫使职业正规画和业余文人画这两种原本对立或者并行的绘画传统得以交汇融合。从此,一个以文人画家为主角,以构建文人画图式为主题的绘画时代,拉开了序幕。

其实,赵孟頫以其宋室王孙的身份而"被遇五朝",也表现了他在政治上极其谨慎的态度。北宋为金所灭,南宋和金都被元朝所灭,这样,批判南宋是一种保险的态度,宣扬南宋则可能惹来麻烦。而且,赵孟頫的知心朋友钱选也是一位"无怨愤不平"的文人画家,钱选的画完全摒弃了南宋画法,潜心学习古人,这对赵孟頫影响是很大的。还有年长于赵孟頫的元朝贵族画家高克恭(字彦敬,号房山),也是一直学习二米、董巨,从来不学南宋画法,这当然对赵孟頫也有很大的影响。

为了改变南宋李唐以来流行的院体画风,赵孟頫继承了北宋的"崇古"思想，提倡"古意""刻意学唐人"，其目的还是为了创立一代绘画新风。他不仅在实践中身体力行，并且在理论上也屡加明举，一生都没有改变初衷。赵孟頫在论诗、论书法、论画中，都明确言明要学习古人。他在《二羊图》卷中写明："余尝画马，未曾画牛，因仲信求画，余故戏为写生，虽不能逼近古人，颇于气韵有得。"他似乎把"逼近古人"看得比"气韵"还重要。

二是赵孟頫提出"云山为师"的口

号，强调了画家的写实基本功与实践技巧，进一步克服了"墨戏"的陋习。

他在51岁时画的《红衣罗汉图》卷，17年后重题说："余尝见卢楞迦罗汉像，最得西域人情态，故优入圣域。盖唐时京师多有西域人，耳目所接，语言相通故也，至五代王齐翰辈，虽善画，要与汉僧何异。余仕京师久，颇尝与天竺僧游，故于罗汉像，自谓有得。此卷余十七年前所作，粗有古意，未知观者以为如何也。"从这则题跋中可知赵子昂重古意，也看重写实，也许是古画中写实的成分更多的

原因。我们已经知道，南宋绘画写实的成分较少，主观情绪较多（包括赵孟頫在内的文人画也是重视主观情绪的，不过二者主观情绪相反）。这也许是他反对南宋画法的又一个原因。前面已经说过，赵孟頫所说的古，一部分指的是北宋，更主要是指五代和唐，唐朝以前的画更古，但是很难看到。他虽然刻意学唐代，其实唐代的画所见已经不多。他说："盖自唐以来，如王右丞、大小李将军、郑广文诸公奇绝之迹，不能一二见。至五代荆、关、董、范辈，皆与近世笔意辽绝。仆所作者，

虽未能与古人比,然视近世画手,则自谓少异耳。"在赵孟頫的心中,甚至越古越好。他还说:"近见张萱《横笛仕女》,精神明润,远在乔仲山《鼓琴仕女》上,又李昭道《摘瓜图》真迹,绢素百破碎,山头水纹圆劲,树木皆古妙。又董元《江村春日》卷子,青绿微脱落,山头皆不描,但描浪纹树石屋木而已,虽较唐画差少古意,而幽深平旷,兴趣无穷,亦妙品。"绘画史上的复古在元代自赵孟頫始,确实取得了很高的成就。实际上古意、高古、有古法,唐代的张彦远,宋代的米芾等人都提倡过,不过他们的影响都不及赵孟頫大。当然,一味地崇古、复古,像清代"四王"那样以模古代替创作就不好了,其实赵孟頫根本不是那样。董其昌总结赵孟頫画风的一句话,最能说明其中真谛:"吴兴(赵孟頫)此图,兼右丞北苑二家画法,有唐人之致,去其纤。有北宋之雄,去其犷。故曰师法取舍,亦如画家以有似古人不能变体为书奴也。"况且，他也能师法造化："久知图画非儿戏，到处云山是我师。"他的山水画作品中，有很多是写生和记录游览印象的，如《洞庭东山图》《鹊华秋色图》《吴兴清远图》等等。到了晚年，他见到杭州美景，因为眼病没有好，不能拿笔作画，还要他的儿子代而记之。

他在山水、人物、花鸟、鞍马诸画科都有成就，画艺全面，并有创新。赵孟頫的画以鞍马最为著名，山水人物次之，但是以影响论，则山水最著名了。他的山水画面貌较多，以下专门讲一下他的山水画。

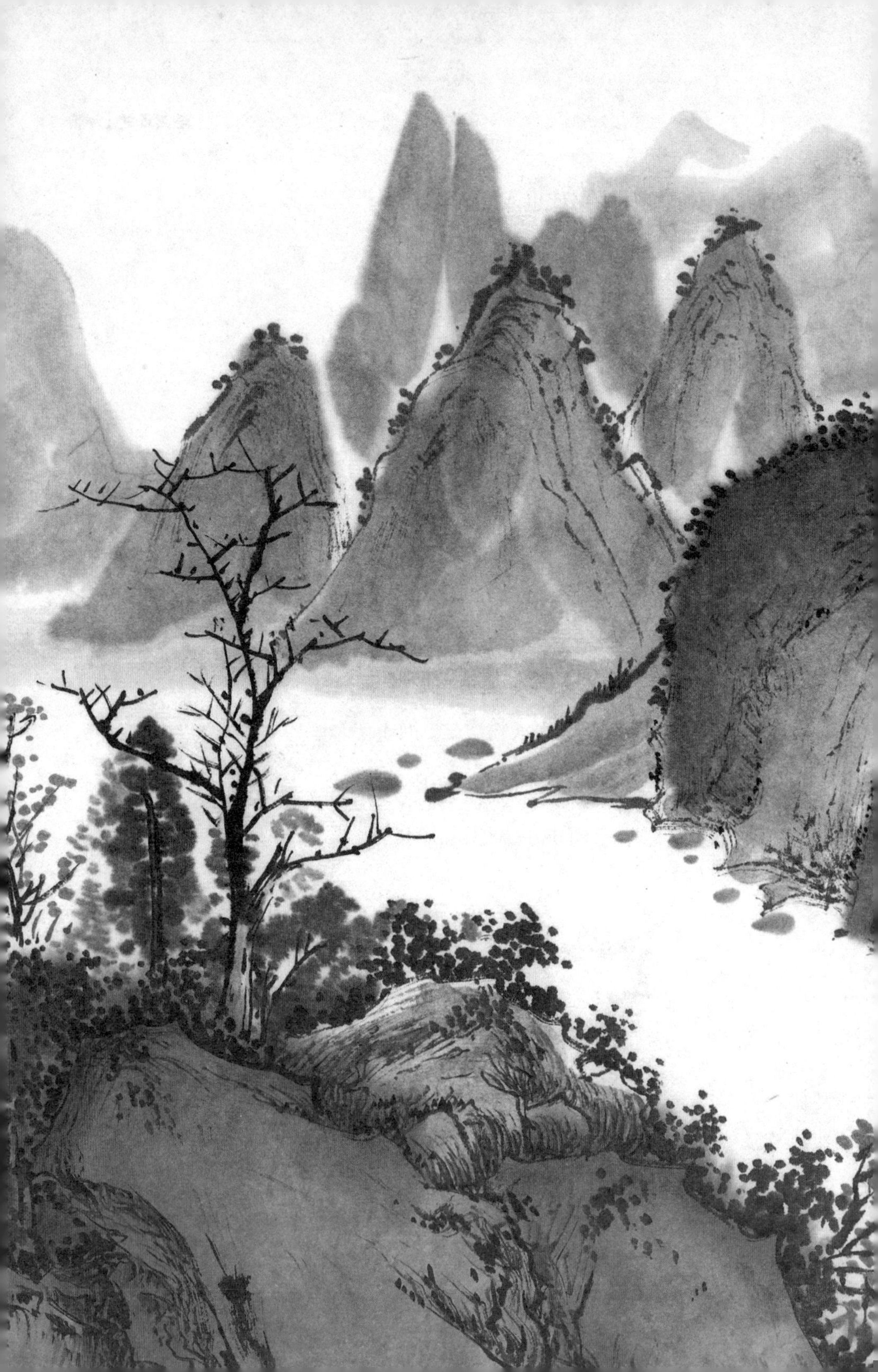

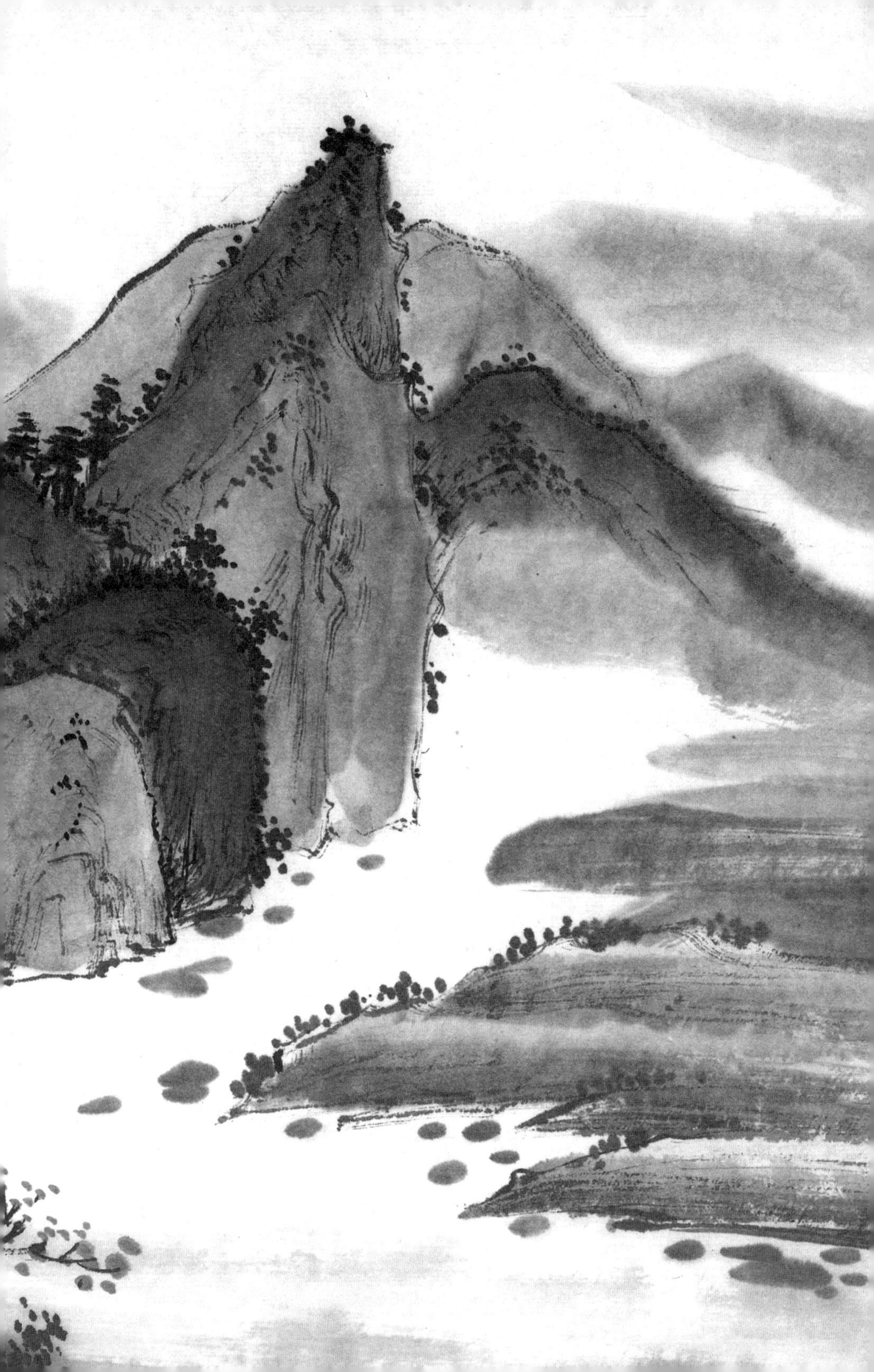

(二) 绘画作品

赵孟頫存世山水画作品中，最为高古的是《吴兴清远图》，现收藏在上海博物馆。此图长卷，高如书页。除了右上方"吴兴清远图"中"吴"字残半外，其余保存完好。画面上没有崇山峻岭，也没有深涧大壑，倒有坟堆似的孤丘小峦前后左右连绵不断，似浸似浮于一片湖光之中。境界雅静清远，正如他在《吴兴清远图记》中说的:"春秋佳日,小舟泝流,城南众山,环周如翠玉琢削,空浮水上,与船低昂,洞庭诸山苍然可见,是其最清远处也。"其山形以近于方而直的稚拙线条勾出轮廓,没有皱褶,也没有擦、点、划的痕迹,内填石绿,只在近处的一处山上若有若无地存在几根柔而软的皴条。用的是石青和石绿的颜色,石下着一点赭石而已。其余都勾线填重色,远处的山也是用一线勾形,填石绿。山下的小树点点而

成。整个画面色调柔和，接染自然，极其质朴而古雅。比起展子虔的《游春图》要有古意得多，它完全回到山水画刚刚开创的晋宋时代。它的构图似晋宋时代的山水画，一排山头，但不是完全的钿饰犀栉，而是有前后左右的空间关系，却没有五代北宋山水画那样的深岚大壑。它的用笔设色很像晋宋时期的山水画，但它是成熟的，看得出是艺术上的一种追求而不是晋宋时期的真正幼稚。《吴兴清远图》是不是赵孟頫早年作品不得而知，

但它是赵孟頫刻意追求"古意"的作品确定无疑。

和《吴兴清远图》意趣差不多的有《幼舆丘壑图》（现存美国），此图虽然属于人物画，实际上主要画的是山水，画法也很古朴，山石全用线勾，不用皴擦点染，填涂的是青绿重色。自题："此图是初敷色时所作，虽笔力未至，而粗有古意。"该图是他早年追求古意之作无疑。卷后有元代杨维桢的跋："今观赵文敏用六朝笔法作图，格力似弱，气韵终胜。"董其昌谓:"此图乍披之,定为赵伯驹,观元人题跋,知为鸥波手笔,犹是吴兴刻画前人时也。"这些评论都是很中肯的。赵孟頫所作人物、鞍马图的背景,其山水部分大多是这种风貌,很有"古意"。代表赵孟頫山水画突出成就以及对后世影响较大的山水画,应该是《鹊华秋色图》《水村图》等类型的画作。

《鹊华秋色图》(现藏于台北故宫博物院)纸本,纵284毫米,横932毫米,是赵孟頫42岁时辞官回吴兴时画送给他的好友周密的。平远构图,画中一片辽阔的泽地和河水,前汀后渚,沙碛平坡,由近及远,有一望无垠之感。平平的画面上,右边耸起一座如金字塔形的双峰不周山,尖而且峭。左边突出一座像元宝似的鹊山,平而长。在鹊山和不周山当中及前后左右布置很多树木,或疏或密,或松或柳，高低参差不齐；芦荻水草，茅屋鱼罾，行人往来如蚂蚁。此图吸取了唐、五代至北宋山水画的优秀传统，尤其吸取了王维和董源的画法，再经过作家自己的变化，最终形成了自家风貌，是了解赵孟頫山水画成就的重要作品。

赵孟頫对王维的画法一直是十分倾心的，这在他同时的杨载、范椁以及其后的董其昌、陈继儒等人中都有论记，他本人也说："王摩诘（王维）能诗更能画，诗入圣而画入神。自魏晋及唐几三百年，惟君独振。"实际上王维的画到了元朝很难有真迹存世了。但从传说是王维的作品中，我们仍能看到《鹊华秋色图》与它的一致性。就题材论，没有崇山大岭，一丘一壑、树丛林木、屋宇渔罾，分段组合；就画法论，山形皆用柔曲的线条勾皴，杂树点簇而成。但《鹊华秋色图》显然更加浓厚，更加成熟。董源的水墨山水画是学习王维的。据周密的《云烟过眼录》所

记，赵孟頫多次由衷称赞董的画"山色绝佳""真神品也"。实际上《鹊华秋色图》吸收董源的画法更多，其水草芦荻、沙碛汀渚都可以在董源的画中找到踪迹。用笔设墨的气氛更加相似，但比董源的画更加潇洒简秀，疏空隽朗。所以董其昌才有如下评论，"吴兴（赵孟頫）此图，兼右丞北苑二家画法，有唐人之致，去其纤。有北宋之雄，去其犷"。

《洞庭东山图》（藏于上海博物院）绢本，纵619毫米，横276毫米。此图的复制品很多，都与原作不同。原作的墨色十分清淡含糊，一般的印刷品因为追求反差效果，反而清楚，笔墨比原作浓重得多。此图画的是太湖东洞庭山之景，原来还有《洞庭西山图》一幅与之为对，可惜已经遗失。作画仍然效法董源，但是也已经另参高格，较之董源更加淡雅文静，更加温润柔和，笔墨轻渺，若淡若无，颜色清润，近于清水。这幅画画格与

南宋迥异，也不同于北宋。没有一点猛烈的气势，也没有雄强的笔调，它以清淡的线条，平静的心情，悠然自得地写出山的大概形体，皴似披麻、解索。董、巨山头上留矾头，赵孟頫在此图上着小青绿，山石的下部皴条稍密，着赭石色，山的边缘处细密点点，如蚂蚁一样小，似青苔，如树木。树用线勾干染赭，以墨及青绿点叶。水纹细密如鳞，好似展子虔的《游春图》。水中石滩全用线条勾写，不加擦点，其皴法已经开了子久法门，与子久山水画法基本一致。这幅图应该成于《鹊华秋色图》之后，已经形成了水墨浅绛法的初步特征。

对元画的突出风格的形成产生更多影响的当是赵孟頫的《水村图》。该图纸本，纵249毫米，横1205毫米，画的是江南山村水乡的平远小景。沙丘低峦，滩渚芦荻，荒树桥浦，渔舟出没。意境清旷疏朗。画的右上角自题"水村图"三字，左下角题"大德六年十一月望日为钱德钧作。子昂"，后来又在别的地方题词："后一月，德钧持此图见示，则已装成轴矣。一时信手涂抹，乃过辱珍重如此，极令人惭愧。子昂题。"后纸还有元、明四十余段题跋和观题。此图反映了元初山水画的最新面貌。就题材论，打破了以往绘画名山大川、高石巨窠、楼阁寺宇的惯例。画的是隐逸生活的

理想境界，据钱德钧《水村隐居记》也可以得到证实。它是文人隐士的田园别墅的真实写照，也正是赵孟頫理想的栖息之地。

画法上虽然溯源于董、巨，但是已经蝉蜕龙变。董、巨的披麻皴繁复，点子皴密多，湿润温媚，浑厚浓郁，一片模糊。赵作此图，也用披麻皴，但枯笔干淡、简练萧疏、线条清晰明朗，很少擦摹，也不作繁复含糊之状。画沙滩汀渚，也不似董、

巨那样用湿墨横抹，而是用干笔侧锋作条子状横扫淡拖。皴线含蓄，变化多端，完全像书法的笔意。虽然和他42岁时所作《鹊华秋色图》出于一路，但在笔墨运用上更加精炼、纯熟，元画的特点更加突出。董其昌在卷后题："此卷为子昂得意笔，在《鹊华图》之上，以其萧散荒率，脱尽董、巨窠臼。"这话确实不假，这幅画是中国文人画进入又一新的境界的标志，黄子久、倪云林的山水画基本上从这里变出。

《双松平远图》（藏于美国大都会博

物馆），比《水村图》更为典型。画面上，近处双松，松下几块石头，隔水对岸一片低缓山丘，左边六行题款记的是他对山水画见解的名言："仆自幼小学书之余，时时戏弄小笔……"此图构图已开倪云林一河两岸、简练空旷的先河。画法上简练到几乎没有皴染，山石只一道轮廓，笔势更夹杂着飞白，这是他的自创，是从李成、郭熙一系列画法蜕化而出。但是郭熙画法中所具有的水墨湿润、气势雄浑的特色已经消失，其画山丘树石是以淡墨枯

笔写出，完全如书法，在用笔转折顿挫上颇见情趣，笔势骨骼奇特，看得出是他在《水村图》画法的基础上进一步的演化，是他的山水画成熟之后的最简作品。

《江村渔乐图》（藏于美国明德堂）的主要笔法即来自李成、郭熙。画中近处三株松树用线尖颖基本和李、郭相似，寨石的基本面貌和画法也是明显由他们变化而来。赵孟頫此图勾勒后，只用淡墨染过，再敷重青而不像郭熙那样墨色具有层次化。画坡角也类似李成、郭熙，先勾轮廓，再略加皴斫，后染赭石等色。岸上大都平画数笔，分出远近，再染石绿，远处的山，也是用细线勾画轮廓，无皴，于山阴处稍渍淡墨，近者敷石绿。远者、高者敷石青，皆无苔点，类似唐前期李思训等人的画法。

赵孟頫50岁时所作《重江叠嶂图》

卷（现藏中国台湾），是纸本画，纵284毫米，横1764毫米。右上角"重江叠嶂图"前三字已残，卷尾自识"大德七年二月六日，吴兴赵孟頫画"。画面江水辽阔旷远，水无纹。群山重叠气势非凡而且具有空灵之感。线条清爽，笔墨湿润，松树勾簇尖颖，小树枝如蟹爪，山石中多用水墨渲淡，保留李、郭画貌较多，但比他们更加潇洒，长线条和《水村图》相似。总地来说，赵孟頫的山水画面貌很多，很难用一句话概括，各个时期的风貌也不固定。他师从百家，上自晋、唐、五代，下至北宋，似于董、巨一派山水画法用力更多。他力摒南宋画法，但有时候也会适当利用。他的山水画发展过程，虽无严格的规律可寻，但是有一个大概的规律。他从最古的学起，至王维，再到董、巨，再至李、郭。由古朴高简，至潇

洒、劲秀、温润，再到简练、概括，以至清和、恬静。由繁到简，由重色填写淡墨写意。一步一步探索文人写意山水画的新道路。但终以师法董、巨而往简练方面变化的一条路对后人影响最大。

赵孟頫还重视绘画中的书法用笔。他在《秀石疏林图》卷后自书一诗："石如飞白木如籀，写竹还于八法通。若也有人能会此，方知书画本来同。"他的画印证了他的观念。以书法入画，使绘画的文人气质更为浓烈，韵味变化增强。

他还提出"不假丹青笔，何以写远愁"的口号，以画寄意，使绘画的内在功能得到深化，涵盖更广泛。

他在南北一统、蒙古人入主中原的

政治形势下,吸收南北绘画之长,复兴中原传统画艺,维持并延续了其发展。

作为一代宗师,不仅他的友人高克恭、李仲宾,妻子管道昇,儿子赵雍受到他的画艺影响,而且弟子唐棣、朱德润、陈琳、王渊,外孙王蒙,乃至元末黄公望、倪瓒等人都在不同程度上继承发扬了赵孟頫的美学观点,使元代文人画久盛不衰,在中国绘画史上写下了绮丽奇特的篇章。他本人的画更被后世称为"神品",成为中华优秀文化中十分亮丽的一笔。

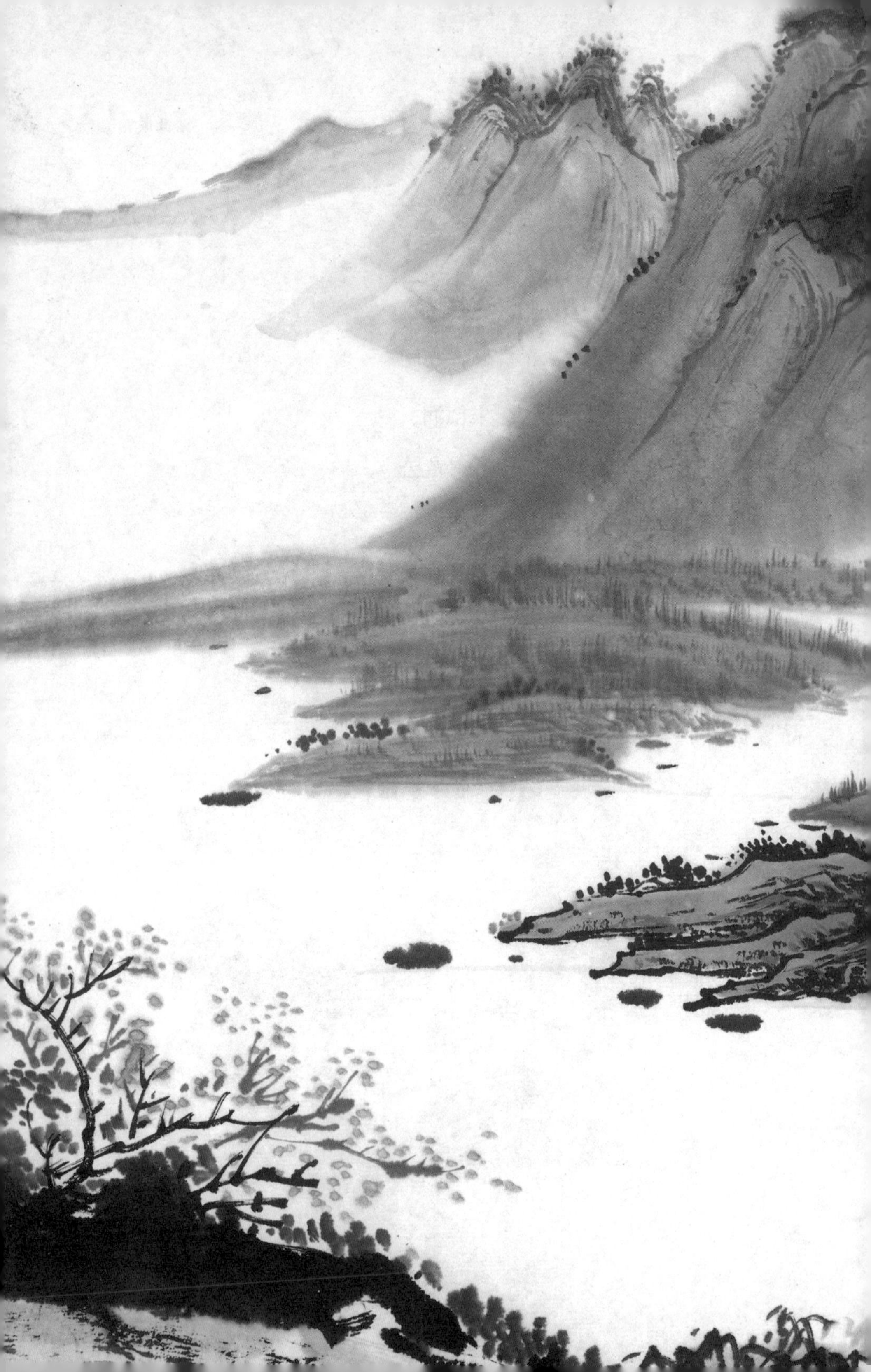

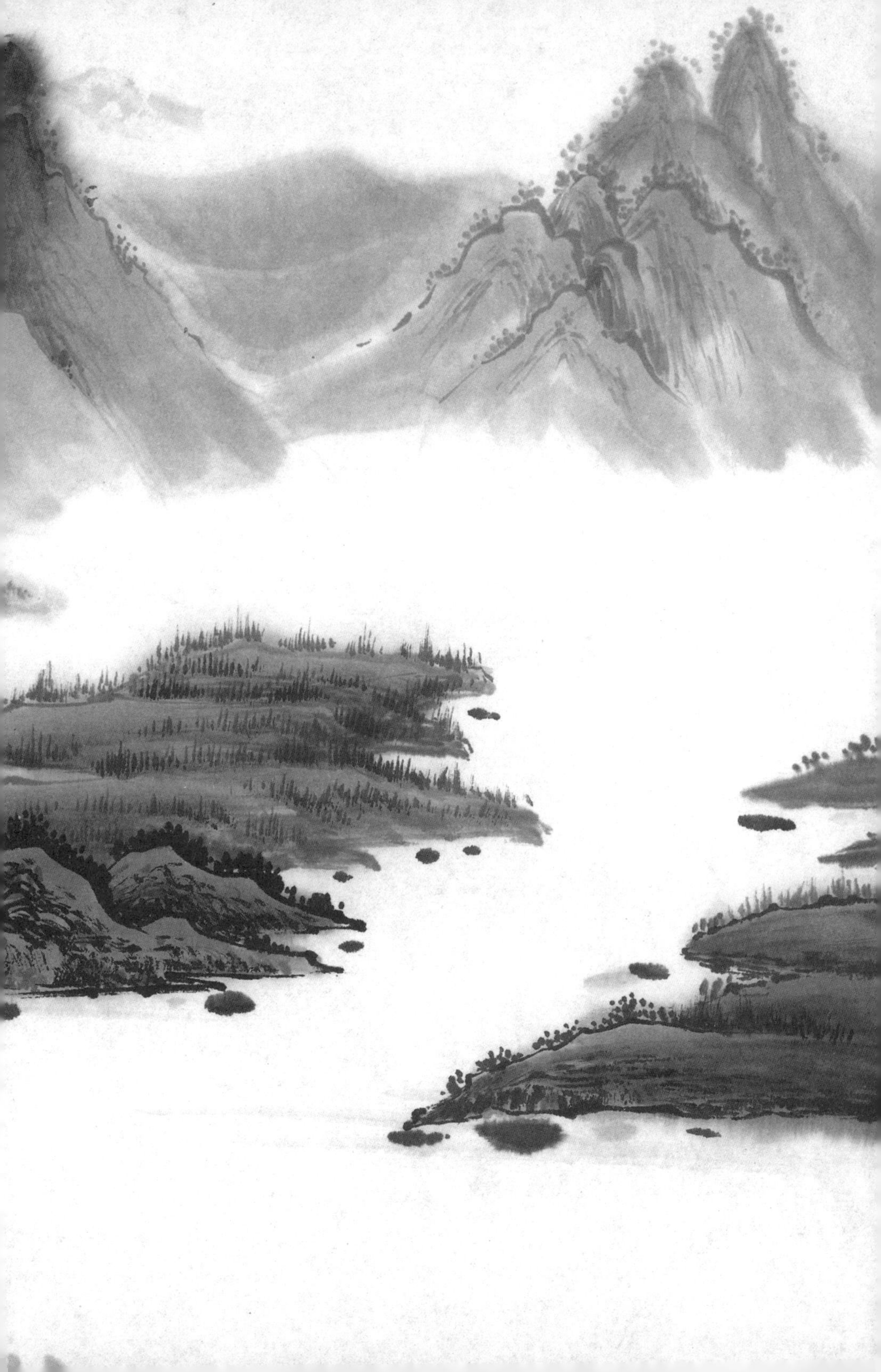

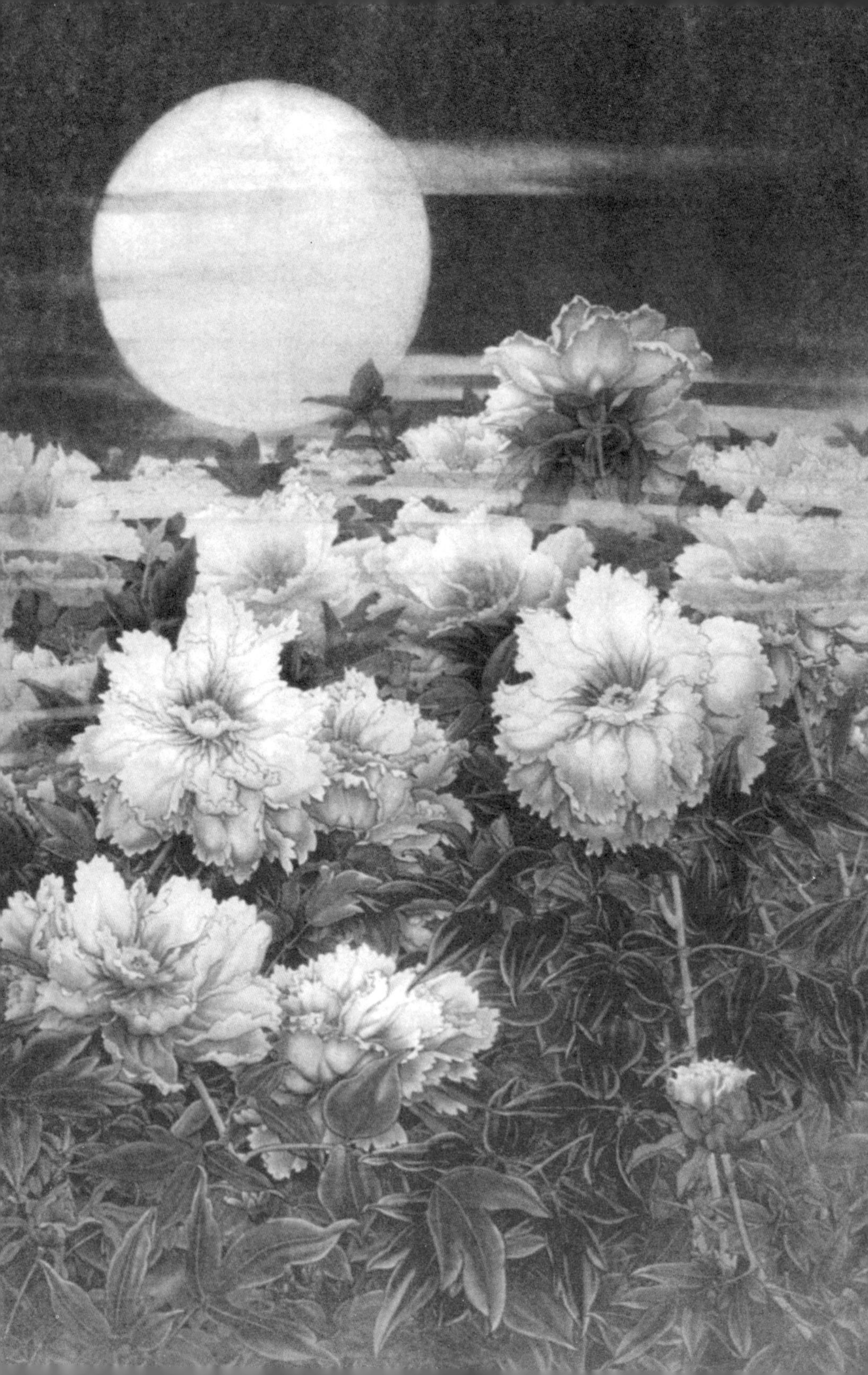

三、书法成就

赵孟頫博学多才，诗文都很擅长，懂经济，工书法，精绘画，擅金石，通律吕，解鉴赏。上节我们知道，他的绘画开创元代文人画新画风，山水、人物、花鸟、竹石、鞍马无所不能，工笔、写意、青绿、水墨，无所不精，被称为"元人冠冕"，元代晚期山水画四大家黄公望、吴镇、倪云林、王蒙都从他这里发源，实为画史一流人物。赵孟頫在印章方面也建树很高，奠定了以汉为宗的文人篆刻艺术审美观，又以小篆入印，开"元朱文"一脉。若以文艺上广博和精专的程度而言，他堪称不世出之奇才。

赵孟頫是元代初期很有影响的书法家。他五岁开始学习书法，从此没有间断过，直到临死前还观书作字，足见他对书法也是情有独钟。元代赵昉在《东山存稿》中说："公（孟頫）初学书时，智永《千文》临习背写，尽五百纸，《兰亭序》亦然。"明朝宋濂在《题赵魏公书大洞真经》中说："盖公之字法凡屡变，初临思陵（赵构），后取则钟繇及羲（王羲之）献（王献之），末复留意李北海。"智永《千文》是王羲之的嫡传笔法，宋高宗赵构也是崇尚二王法度的，赵孟頫从这二家入手，很快直接追溯东晋之风，中年又辅以以李邕为主的唐人之法。赵孟頫用力最多的应当是二王，评论者说："赵魏公留心字学甚勤，羲、献书凡临数百过，所以盛名，充塞四海者，岂无其故哉。"元代虞集也说："赵松雪书，笔既流利，学亦渊深，观其书，得心应手，会意成文。楷法深得《洛神赋》而揽其标，行书诣《圣教序》而入其室，至于草书，饱《十七帖》而变其形，可谓书之兼学力、天资，精奥神话而不可及矣。"赵孟頫自己也说："（王羲之）总百家之功，极众体之妙，传子献之，超轶特甚。"可见二王乃是赵孟頫的根基。在艰辛的临摹古人的过程中，他兼顾形似和气韵，元代的陆友在《研北杂志》中说："唐人临摹古迹，得其形似，而失其气韵；米元章得其韵失去形似。气韵、形似具备者，惟吴兴赵子昂得之。"形似是"学力"所致，气韵乃"天资"使然，进而"精奥神话"，不为别人限制。元代黄溍在《题赵公临

右军书》中说:"今人临二王书,不过随人作计,如卖花担上看桃李耳。若赵公乃枝头叶底亲见其活精神者,此未易为俗子道也。"从古代开始学习王羲之、王献之的书法的人,应该多得数不过来,大多如卖花担上的桃李,有形无神,或如宋人率性而为,得意而忘形;文质俱存,形神兼备如赵孟頫者很少。"活精神"三个字,确实没有几人能担当得起!此外,赵孟頫广泛取法,诸体兼修,除了学习晋人、唐人,章草学索靖,隶书学梁鹄,篆字学李斯,真正"总百家之功,极众体之妙",终于成为"唐以后集书法之大成者"。他与颜真卿、柳公权、欧阳询一起,被称为楷书"四大家"。

赵孟頫在追求古法的过程中,无论师从哪一家,都以"中和"的态度学习他们,然后从这家脱出,进行创新,形成自己的全新特色。钟繇的质朴沉稳,王羲之的潇洒蕴藉，王献之的恣肆流利，李邕的崛傲欹侧，皆取其醒目之外，而微妙其意，融入自家笔底。因而赵氏的书法并没有特别突出的个性化符号，既不是专心于骨力、气势，也不注重于表现质重、浑厚；既不是全然恣肆佻达，也不是全力于含蓄蕴藉，而是将古人书中的一切合理因素概以"中和"化之，不偏不倚，不激不厉。这种"中和"之美，需要深厚的功力加上丰富的学养，还需要辅以超凡脱俗的气质，方能从古人的书法作品中披沙沥金，终至华丽而不甜腻，流美而具骨力，潇洒中见文雅，秀逸中显清气。在这一书风形成过程中，退笔成冢的临写功夫必不可少，尤其必须对古人笔法谙熟于胸，这就使得"赵体"在形成以后，不可避免地带有驾驭笔法及结字能力过于精熟的惯例，因而在极端熟练的书写中，必然会导致某些刻意而为的作品反倒缺少变化和意趣，赵孟頫书写长篇的用力之作往往不如尺牍短札即是此例。因此，后人评赵书的缺点，识者皆集中于一"熟"字上，这固然是赵孟頫书法的局限之处，但董其昌说："赵书因熟得俗态，吾书因生得秀色。"这是把赵孟頫视为假想敌的刻薄之语，赵氏若不能超越"熟而不俗"的底线，又岂能以典雅平正的中和之美领一代风骚。正如柳贯在《跋赵文敏帖》中所说："余问其何以能然，文敏曰：'亦熟之而已。'然见习之久，心手俱忘，智巧之在古人，尤其在我，纵横捭阖，无不如意，尚何间哉！"至于后世以赵孟頫为"宗室之亲，辱于夷狄之变"，而讥其书为"奴书"，历代论者对这种大而无当的论调多有驳斥。赵氏终生致力于重建书法经典的权威，以保薪火不灭，古法不失，这又何尝不是一种气节？

《元史》本传中说赵孟頫"篆、籀、

分、隶、真、行、草无不冠绝古今,遂以书名天下"。在各体中,其成就最大者当首推行草,其次为楷书,后世所谓"赵体"就是专指此二体而言。赵氏行草直入山阴之室,承接王羲之的温和斯文,遒媚流美之风。笔法蕴藉沉稳,圆熟精到;结字平正秀丽,形聚而神逸。现藏于辽宁博物馆的行书《归去来兮辞》卷,作于大德元年(1297年),为赵孟頫中年力作。此帖以行书为主,间以草法,用笔珠圆玉润,婉转多姿,遥接晋人风神,非宋人所能到。王世贞《弇州四部稿》云:"《归去来兮辞》妙在藏锋,不但取态,往往笔尽意不尽。"现藏于吉林省博物馆的《种松帖》,为赵孟頫晚年行草作品。此帖用笔中锋直下,点画圆健遒劲。结体布白,运笔转折,以及气韵神味,无不融汇古

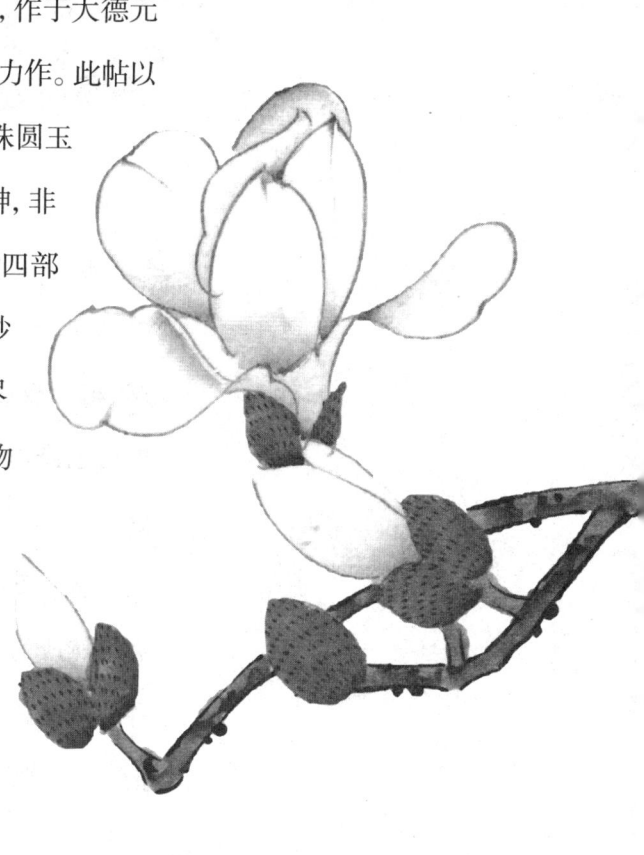

今，游刃有余，可谓笔老墨秀，炉火纯青。

赵孟頫楷书初从钟繇、智永得法，以真行相通之晋人笔法出之，绝去颜真卿、柳公权顿挫之笔，一改中唐以后书碑楷法之结体笔势，正是赵氏楷书独到之处。中年后又揉入李北海笔法，增添飞动之势及峭拔之力，进而在唐代贤人之后卓然成为大家，有"欧、颜、柳、赵"之并称。现藏于日本东京国立博物馆的大楷《玄妙观重修三门记》，写于大德六年

（1302年）。此记楷法精严，结体方阔，笔势沉稳，点画舒张，气息醇厚，大有李邕《岳麓寺碑》之神态精髓，还具有六朝碑版的风格气韵。此记不以变化见长，通篇之中，只要相同的字，相同的部首，相同的笔画，乃至相似结构方式的字，均有一种或几种固定的写法，形状几乎没有差别，仅以横宕之笔势、略侧的体势，以及真行兼通之用笔来体现生动姿态，可

见作者性情是如何内敛，笔法是如何娴熟。这种首重功力和法度的楷书，唐以后很久没有见过了。后人对赵孟頫的楷书缺乏神采与机趣的评说虽不无道理，但很多人云亦云者，其实并未读懂此类含蓄内敛楷书的妙处。李日华曾说："《玄妙观重修三门记》，有太和（李邕）之朗，而无其佻；有季海（徐浩）之重，而无其钝；不用平原（颜真卿）面目，而含其精神。天下赵碑第一也。"此记篆额精美秀劲，乃合李斯及李阳冰之法而出，足见赵孟頫篆书之功力。

赵孟頫小楷一直为历代所重视，和他同时代的书法家鲜于枢给他的小楷《过秦论》作序："子昂篆、隶、真、行、颠草为当代第一，小楷又为子昂诸书第一。"赵氏得力于二王及钟繇小楷各帖，又从鲜于枢那里观看了东晋道士杨羲书写的《黄庭内景经》，遂致力于缜密与飞动合一。赵氏小楷除了抄录历代名篇外，多为佛道经文，如《妙法莲华经》《阴符经》《度人经》《金刚经》《道德经》等，都是长篇巨制，有时反复抄写，用力勤勉的程度，历代书法家几乎无人能超越他。

鲜于枢题《过秦论》说："笔力柔媚,备极楷则。后之览者岂知下笔神速如风雨耶。"足见赵孟頫小楷是多么精熟。"笔力柔媚,备极楷则""奇正沓出""下笔神速"描述的正是他的小楷缜密而不失飞动的特点。现藏于北京故宫博物院的《道德经》卷,作于延祐三年（1316年）。此卷结体紧凑匀称而不乏灵活生动,细微处一丝不苟,笔笔精到,神采奕奕,寓刚劲于柔润,含妍丽于静穆。

南宋至元初,皆为北宋"尚意"书风之末流,苏东坡、黄庭坚、米芾三家写意抒怀的精髓并未得以发展,他们自身反倒成为被竞

相模仿的对象。世人多以三家为宗，只有很少人兼学唐人碑版，陈陈相因，不思进取。赵孟頫的出现，使元初书风发生了巨大转折。他力主归宗二王，复兴古法。其题自书苏诗卷云："学书须学古人，不然，虽笔秃成山，亦为俗笔。"又说："当则古，无徒取于今人也。"所谓"则古"，即以古法为准则，而"徒取于今人"则是对时风提出了尖锐的批评。那么，如何继承古法，或者说古法中最重要的是什么呢，赵氏《兰亭十三跋》云："书法以用笔为上，而结字亦须用工。盖结字因时相传，用笔千古不易。"这种说法拈出"用笔"这一书法嬗变中的实质

问题,可谓一语中的,遂成为书法史上的著名论断。赵孟頫以崇古为立场,实则是借古开今,用效法古人来矫正时弊。在他的影响下,元代书法家纷纷改弦易辙,以效法晋人书风为荣耀,并由此上溯两汉、先秦。同时又在赵孟頫多种书体都擅长的带动下,行、楷、近草、章草、隶、篆乃至籀书等各种书体在元代均得到了充分发展,不像宋代仅以行、草风行。而正是在赵氏遒媚秀逸书风的规导之下,使得元代的书法不但没有流于粗野怪诞,反而呈现了一派纯正典雅的古风。元末卢熊跋《赵魏公二帖》云:"本朝赵魏公识趣高远,跨越古人,根柢钟王,而出入晋唐,不为近代习尚所窘束,海内书法为之一变。"这"一变"不仅是元代书坛振兴的标志,其书史意义

甚至涵盖了此后五六百年。以一人之力而"一变"百年风气，赵孟頫也就很自然地成为元、明、清三代最具影响力的书法家。

赵孟頫的传世书迹较多，有《洛神赋》、《道德经》、《胆巴碑》、《玄妙观重修三门记》、《临黄庭经》、独孤本《兰亭十一跋》、《四体千字文》等。他在中国书法艺术史上有着重要地位和深远的影响力。他在书法上的贡献，不仅在于他的书法作品，还在于他的书论。他本人有不少关于书法的精到见解。他认为："学书有二，一曰笔法，二曰字形。笔法弗精，虽善犹恶；字形弗妙，虽熟犹生。学书能解此，始可以语书也。""学书在玩味古人法帖，悉知其用笔之意，乃为有益。"在临写古人法帖上，他指出了颇有意义的事实："昔人得古刻数行，专心而学之，便可名世。况兰亭是右军得意书，学之不已，

何患不过人耶?"这些都可以给我们重要的启示。可以说在书法史上没有一个朝代像元朝这样,受一人影响如此深远。元代的主流书法家无不聚集在赵孟頫的"复古"大旗之下,与赵孟頫同辈的有与之并称"元初三大家"的鲜于枢、邓原,弟子辈有虞集、柯九思、张雨、揭傒思、黄公望、朱德润、俞和、康里巎巎等,亲属一支则有妻子管道昇、儿子赵雍、外孙王蒙等。

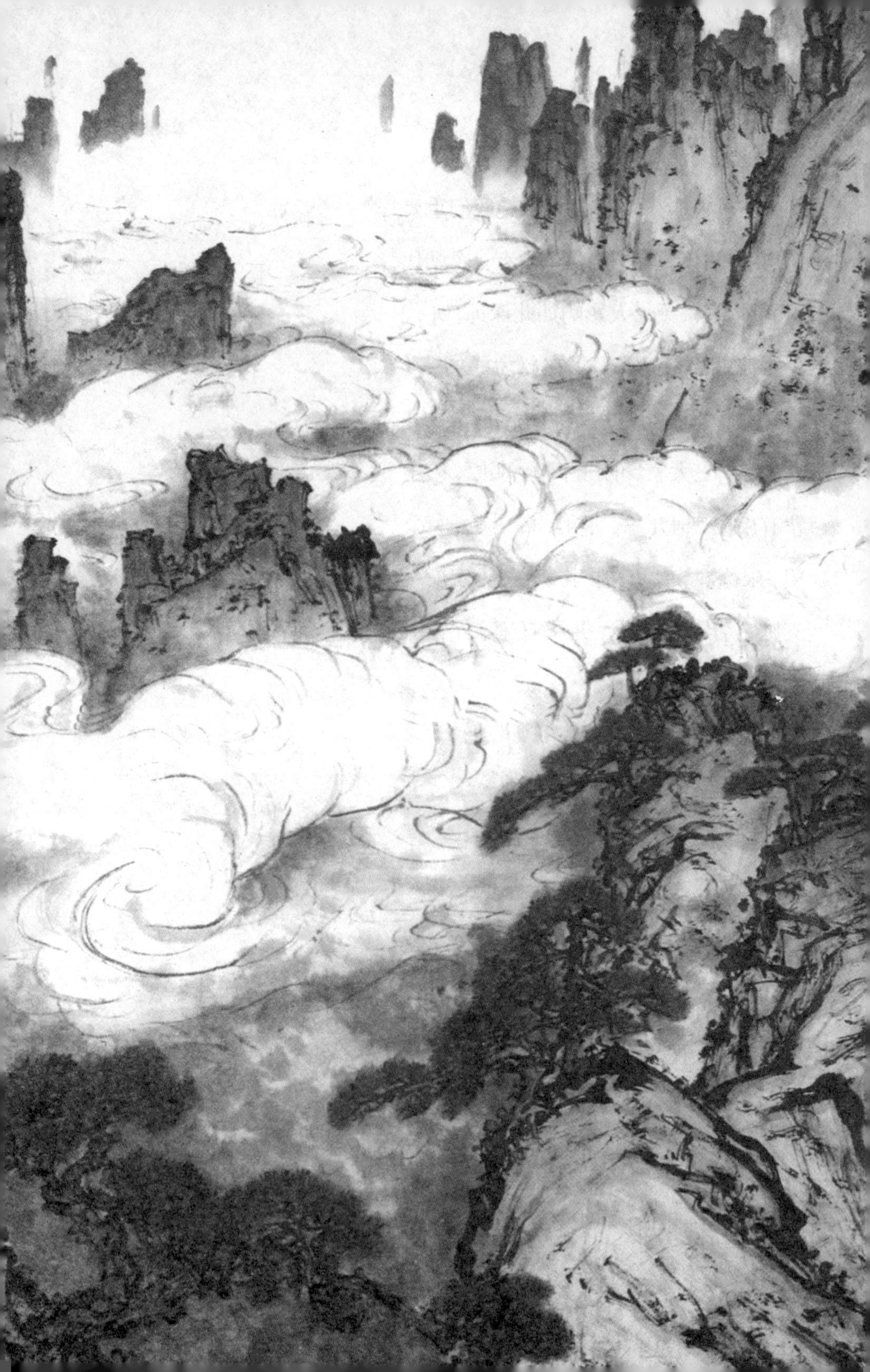

四、诗文成就

诗文成就

作为第一个君临天下、一统中华的少数民族,元朝统治者执行的是民族歧视政策,将全国人分为四等,第一等是蒙古人,第二等是色目人,第三等是汉人,第四等是南人。南人的地位最低,几乎没有什么权利。当时的文人墨客按照正统的忠君爱国思想是应该反抗元朝的统治的(如文天祥),至少也应该隐居起来,不能为元朝做官。但赵孟頫却不然,他以宋宗室的身份，竟然做起了消灭自己宗亲的敌人的大官，在当时人们对他的评价如何可想而知。赵孟頫是如何想的，如何做的，现在我们分析一下他的思想和诗文成就。

赵孟頫以书画著称，诗文也冠绝时流，著有《松雪斋文集》十卷（附外集一卷），此外还著有《尚书注》等。何贞立为他的文集作序云："若制诰、若碑志、记序、铭赞、若诗、若乐府，与他杂著，皆读之一再过，益信公为世所称慕者名非虚

也。然犹惜今人徒称公书法妙绝当世，而未知公学问之博、识趣之深、词章之盛，乃以其游艺之末盖其所长，是固不得为知公也。"赵孟頫的一生位极人臣，享受了无尽的荣华富贵，然而内心却忍受了无穷的折磨。他的一生可以用"矛盾、痛苦、悔恨、委屈"八个字来概括，一生富贵，却"中肠惨戚泪常淹"，痛苦极了。

赵孟頫对大宋王朝当然是有感情的，直到晚年，也没有停止故国之思。但南宋的腐朽又使他失望，破坏是不行的，

因为他是宋朝的臣民，还是宋太祖的后人；维护又没有力量，况且大厦将倾，不是一木所能独支。他的心情十分矛盾，既爱又恨。他后来在杭州写的诗《岳鄂王墓》，是他的典型代表作品，可以见其思想之一斑：

> 鄂王墓上草离离，
>
> 秋日荒凉石兽危。
>
> 南渡君臣轻社稷，
>
> 中原父老望旌旗。
>
> 英雄已死嗟何及，
>
> 天下中分遂不支。
>
> 莫向西湖歌此曲，
>
> 水光山色不胜悲。

在宋朝灭亡之前，他并没有叛宋降元。但他当时还年轻，不甘心终老于户牖之下，他希望干一番事业。赵孟頫说："士少学之于家，盖欲出而用之于国，使圣贤之泽沛然及于天下。此学者之初心。"其生母很早就教育他要"自强于学问"。元初，又告诫他"多读书""以待圣朝之用""以异于常人"。所以，尽管他处于风雨飘摇的时代，仍然是"昼夜不休"地读书，以期将来能有所作为。他很明白，当时参加任何政治、军事上的斗争都是无益的，事实上，他也没有那样做。他非常希望出来做官，干一番大的事业。但他又是宋朝宗室，不能降志辱身以事元。他很清楚，那样做会遭到世人和后人的非议。所以，当元朝贵族夹谷之奇第一次保举他做翰林时，赵孟頫拒绝了。元朝的统治者几次到江南搜访隐逸之士，大部分人都拒绝出来做官，谢枋不但拒不出仕，并且说江南人才做元朝的官是可耻的。在赵孟頫出来做官前

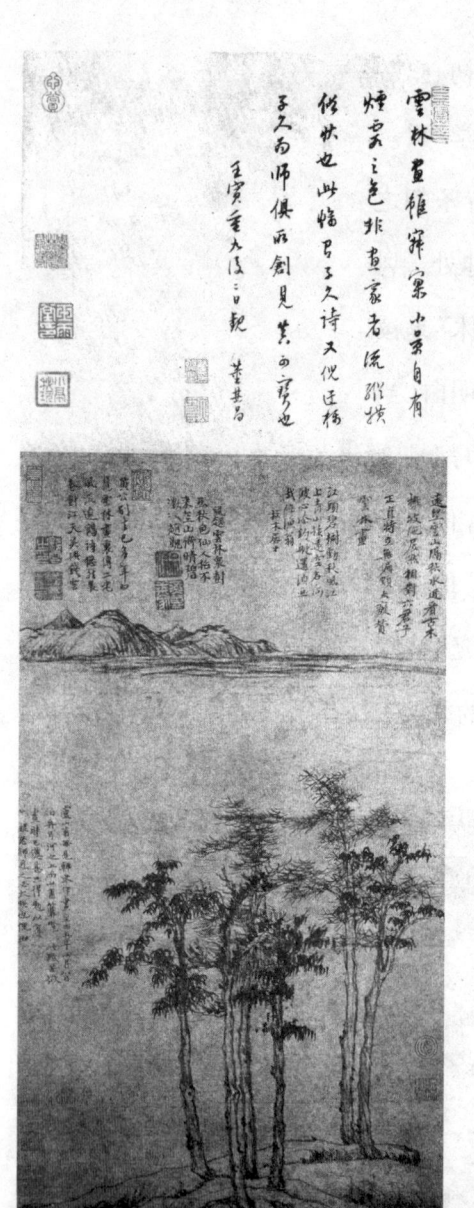

后，还有很多人劝他不应如此。戴表元著有《招子昂歌》，牟巘有《简赵子昂》和《别赵子昂》诗。吴兴刘承幹跋《陵阳集》时还特别指出："……如《简赵子昂》云：'余事到翰墨，藉甚声价喧。居然难自藏，珠玉走中原。'曰'藉甚'曰'居然'，皆隐寓不足之辞也。又《别赵子昂》诗云：'荆州利得习凿齿，江左今称庾子山'，亦以子昂之仕元而哀之也。"不过大家要知道，赵孟頫是王孙的身份，这和别人不同，他是出山还是隐居，乃是生与死的问题。谢枋拒绝仕元，后来被元朝统治者杀害了。当赵孟頫第二次被官府"强起"出仕时，他仍然抗议，如此说道："尧舜在上，下有巢由，今孟頫、孟贯已为微、箕，愿容某为巢，由也。"然而到了第三次，他就不得不出仕了。这一次，可能还有点绑架性质。他自己的诗如是说："捉来官府竟何补，还望故乡心惘然。"便是证明。赵孟頫毕竟出仕了，没有用一死来殉赵宋，正是他矛盾心理的归结。他从小"愿学而用之于国"的思想是不能不起一点作用的。

赵孟頫出来做官后，"被遇五朝，官居一品，名满天下"，当他受到元朝统治者恩宠时，他有得意的一面，但更多的是痛苦的一面，而且最深沉处是痛苦。

他首先表现出的是深切的后悔之情。他的《罪出》一诗最为深刻："在山为远志，出山为小草。古语已云然，见事苦不早。""平生独往愿，丘壑寄怀抱。图书时自误，野性期自保。""昔为海上鸥，今为笼中鸟。"还有《寄鲜于伯机》诗云："……误落尘

网中,四度京华春。泽雉叹畜樊,白鸥谁能训。"还有他的《自释》一诗说:"君子重道义,小人重功名。天爵元自尊,世纷何足荣。"因而他对那些抱节自屈的遗民特别尊重,即使这些遗逸对他很不满,他还是去拜访他们,写诗、赠诗称赞他们。

赵子昂由出仕之后悔,到感到富贵之压抑,导致他一生中最向往的是隐逸生活。在他的心目中,除了庄子,陶渊明便是他理想的化身,他画陶渊明形象,以陶渊明的诗入画内容最多。他在《四慕诗次韵钱舜举》中云:

周也实旷士,天地视一身。

去之千载下,渊明亦其人。

……

九原如可作,执鞭良所欣。

在《次韵冯伯田秋兴》中云"彭泽丹青顾虎头"。在《酬藤野云》诗中谓自己:"闲吟渊明诗,静学右军字。"在《五柳先生传论》中云:"仲尼(孔子)有言曰:

隐居以求其志，行义以达其道。吾闻其语，未见其人。嗟乎，如先生近之矣。"当和他一同出仕的吴澄毅然弃官归去时，他写了《送吴幻清南还序》来表达他的心迹说："……吴君翻然有归志……吴君之心，余之心也。"又云"吴君且住，则余当何如也：吾乡有敖君善者，吾师也。曰钱选舜举，曰萧和子中，曰张复亨刚父……（注：上面所说的人都是隐士）。吾处吾乡，从数子者游，放乎山水之间，而乐乎名教之中，读书弹琴，足以自娱……"此时赵孟頫34岁，进京才一年。进京的第二年，他35岁，写了著名的《罪出》一诗来自我谴责。第四年又写了"误落尘网中，四度京华春"的沉痛诗句。第五年他又写下了"宦游今五年……掩卷一淋然"之句。可以说句句带血，句句揪人肝肠。一连串的"淋然""罪出""尘埃""俗梦"，坚定了他的"归志"。此后，赵孟頫更加向往隐逸，向往自由的生活。

他去济南任职暂回吴兴,写下了"非干高尚幕丘园"的思隐之句,又写道:

多病相如已倦游,思归张翰况逢秋。

鲈鱼莼菜俱无恙,鸿雁稻粱非所求。

空有丹志依魏阙,又携十口过齐州。

闲身却羡沙头鹭,飞去飞来百自由。

从这首诗中可以看出,他是何等向往去官而过上自由的生活。

出来做官的第五年,赵孟頫有《次韵周公谨见赠》一诗,表现了他对官场的厌倦和对故乡的思念。45岁时,他在题自画小像的一首诗中,表达了弃官归隐的

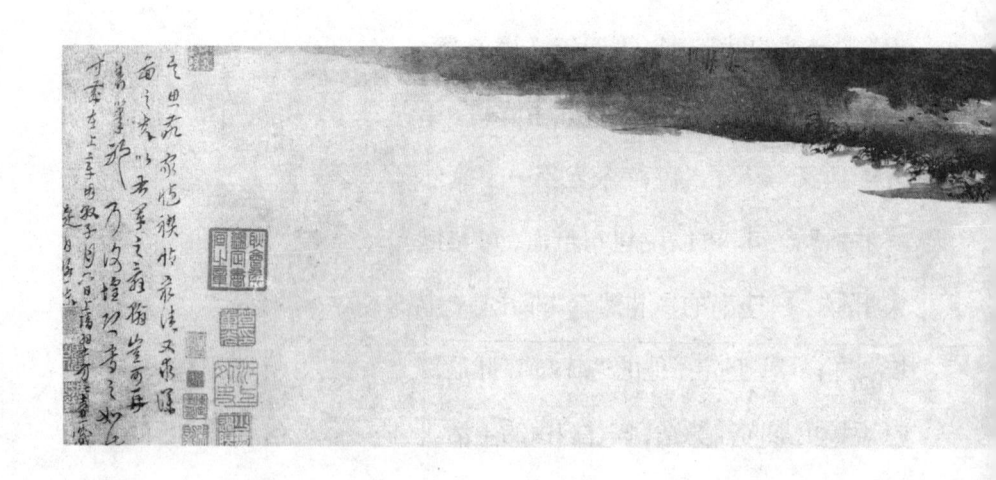

决心:"……濯缨久盼从渔父,束带宁堪见督邮。准拟新年弃官去,百无拘系似沙鸥。"并且他还画了《陶靖节(陶渊明)像》,以寄托自己的向往。陶渊明的事迹一直是他最喜爱的题材,56岁那年,他还画了《白描陶潜事迹》成连环形式,其中有《陶像》《不见督邮》《弃官归去》《抚无弦琴》《醉菊》等14幅。就在他拜为翰林侍读学士那一年,他还画了一幅《松水盟鸥图》,以表达他的心迹。直至晚年,他在《次韵弟子俊》诗中还说:

岁云暮矣役事事,蟋蟀在堂增客愁。

少年风月悲清夜，故国山川入素秋。

佳菊已开催节物，扁舟欲买访林丘。

从今放浪形骸外，何处人间有悔尤。

这首诗可以说反映了赵孟頫一生的痛苦、忧愁、无奈的心情，并且饱含深切的沉痛。一生向往隐逸，却始终身陷官场的桎梏。"空怀丘壑志，耿耿固长存"，这

么深刻的矛盾心理，怎能不痛苦？

　　赵孟頫，一个宋代王孙，在宋朝也只是谋了个司户参军的卑小职位，宋王朝灭亡了，他本与平民无异，但是很多人还希望他抱住宋代这只沉没的破船不放，甚至要一起沉下去才好。他自己虽然也曾希望如此，但又不甘心，矛盾极了。他出仕实为不得已，在当时已经遭到很多人的反对，到了后世将会遭到更多人的唾弃，这一点他一定预料得到。他的内心无限苦痛，到了老年"中肠惨戚泪常淹"，其《自警》一诗，概括他的一生，最为沉痛：

　　齿豁童头六十三，一生事事总堪惭。
　　唯余笔砚情犹在，留于人间作笑谈。

　　官居一品，名满天下，却"一生事事总堪惭"。矛盾、痛苦、委屈，正是造就伟大艺术家特有的土壤。

赵孟頫死后，宋代遗民存世已经不多。元代的大画家黄公望、吴镇、倪瓒、王蒙对他似乎并没有非议，而只是注意到他的艺术，并加以推崇。但是到了明代，问题果然出来了。沈周《题赵文敏渊明像并书归去来兮辞卷》云："典午山河已莫支，先生归去自嫌迟。"李东阳言之更甚："赵子昂书画绝出，诗律亦清丽，其《溪上》诗曰：'锦缆牙樯非昨梦，凤笙龙管是谁家。'意亦伤甚。《岳鄂王墓》曰：'南渡君臣轻社稷，中原父老望旌旗。'句虽佳，而意已涉秦越。至对元世祖曰：'往事已非哪可说，且将忠直报皇元。'则扫地尽矣。其画为人所题者有曰：'前代王孙今阁老，只画天闲八尺龙'。有曰：'两岸青山多少地，岂无十亩种

诗文成就

瓜田'。到'江心正好看明月，却抱琵琶过别船'。则几近骂矣。夫以宗室之亲，辱于夷狄之变，揆之常典，固已不同。而其才艺之美，又足以为讥訾之地，才恶足恃哉？"傅山尤其"薄其为人，痛恶其书浅俗"。谓其"只缘学问不正，遂流软美一途，心手不可欺也如此"。有人看到他画的马，作诗进行讽刺："黑发王孙旧宋人，汴京回首已成尘。伤心忍见胡儿马，何事临池又写真。""宋室王孙粉墨工，银鞍金勒貌花骢。天闲十万真龙种，空自骄嘶向北风。"后世文人常因赵孟頫以宋"宗室之亲，辱于夷狄之变"而责难他的人品，乃至影响到对他的艺术水平高低之评价。

若以今人眼光来看，做宋朝的官与做元朝的官并无二致，何况赵孟頫并没有出卖宋室，也没有在宋朝灭亡前投降元朝，而是在宋朝这只破船沉没之后，被人硬拉到其他船上的。若以旧伦理纲常论，赵孟頫当然应该像伯夷、叔齐那样不食周粟而饿死，能隐则隐，不能隐则一死以殉宋室。但赵孟頫本人既希望发挥自己的才能，又不希望出仕元朝，最后没有办法，只得半推半就地做了元朝的官。他到底缺乏猛士的精神，缺乏刚强的性格，缺乏磅礴的气魄。他为官后又后悔，一心向往隐逸，但是他缺乏一往无前的积极精神和果断决策。他虽遭人讥笑和非议，却不仅不计较，反倒能自责，宽以待人。他性情温顺平和，不违抗皇帝的旨意，小心谨慎，为官期间，不鞭笞一人，"士大夫莫不颂公之德"。可是他也伺机一举除去了残暴的桑哥，上下游说，左右捭阖，又显示他十分精明。

赵孟頫的一些小散曲写得有清丽味儿，如《黄钟·人月圆》写道："一枝仙桂香生玉，消得唤卿卿。缓歌金缕，轻敲象板，倾国倾城。几时不见，红裙翠袖，多少闲情。想应如旧，青山澹澹，秋水盈盈。"还有其《仙吕·后庭花》云："清溪一叶舟，芙蓉两岸秋。采菱谁家女，歌声起暮鸥。乱云愁，满头风雨，戴荷叶归去休。"

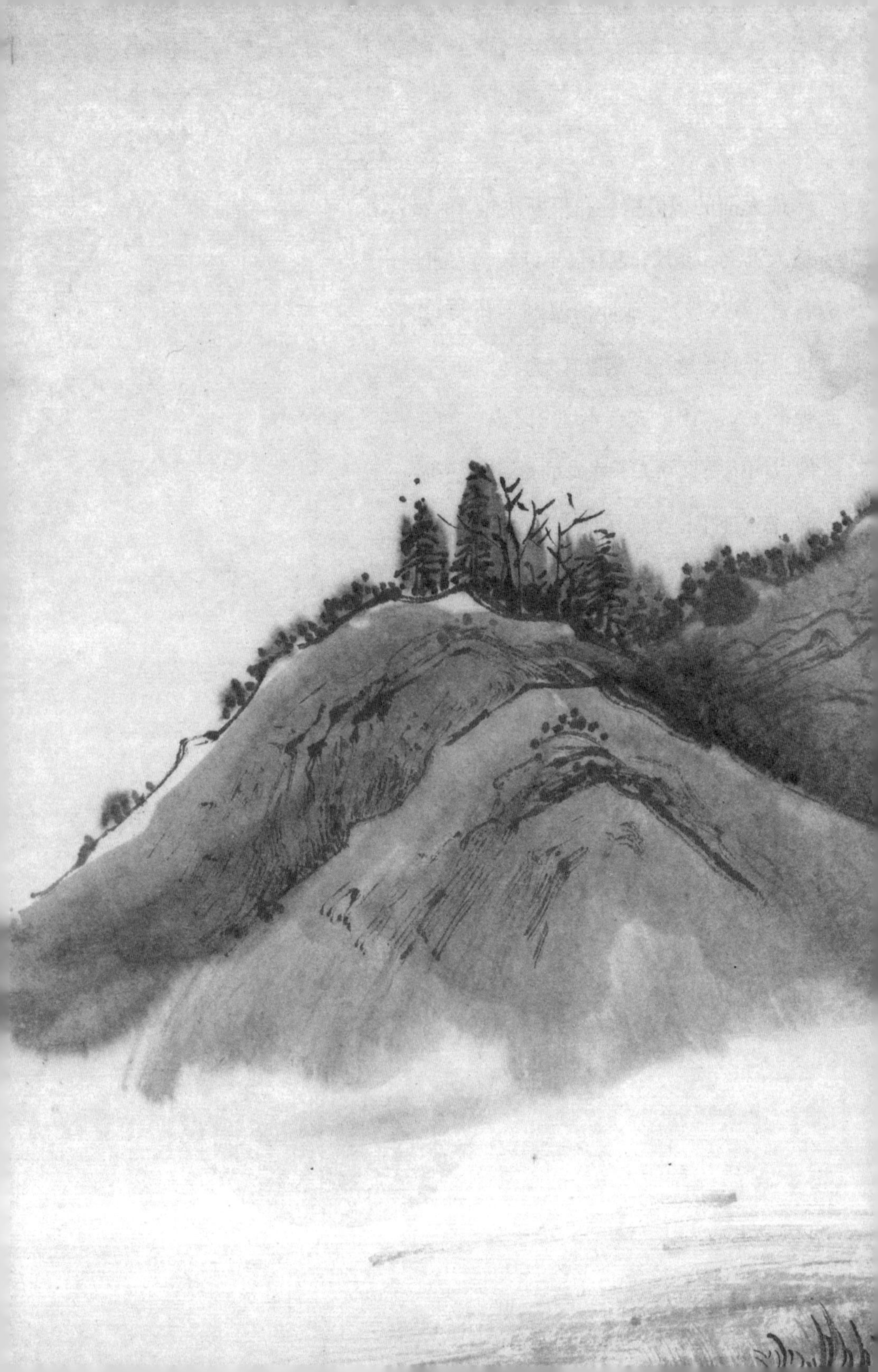

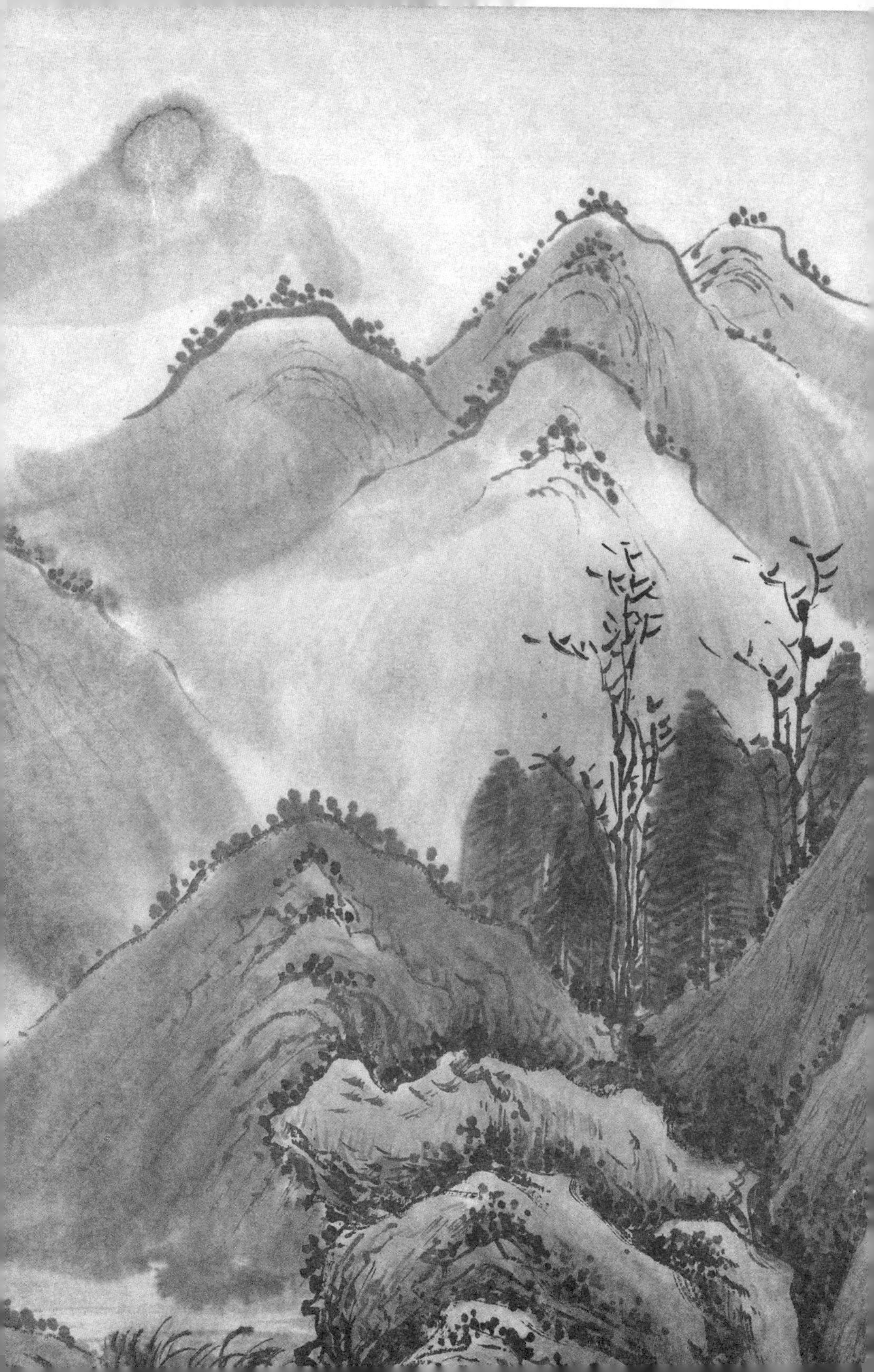

秋暑多病膇征夫怨行路遲遲幽
硼松清陰滿庭戶寒泉溜崖
石白雲集朝暮懷我如金玉周
子笑無度息景以消搖安笑言
思與晤避學親交秋暑辭
親將事于役日寓幽硼寒松并
題五言以贈示若招隱之意丁卯七
月十六日倪瓚

五、历史地位与影响

历史地位与影响

赵孟頫博学多才，能诗善文，懂经济，工书法，精绘画，擅金石，还精通音乐，解鉴赏，特别是书法和绘画方面的成就最高，开创元代新画风，被称为"元人冠冕"。在绘画上，山水、人物、花鸟、竹石、鞍马无所不能；工笔、写意、青绿、水墨，亦无所不精。他在我国书法史上也同样占有十分重要的地位。他从五岁开始学习写字，从此几乎没有停止过练

习,直到临死前还观书作字,可以说对书法达到了如痴如醉的地步。他擅篆、籀、分、隶、真、行、草各书,尤其以楷书、行草著称于世。《元史》本传讲,"孟𫖯篆籀分隶真行草无不冠绝古今,遂以书名天下"。元代的鲜于枢在《困学斋集》中说:"子昂篆、隶、真、行、颠草为当代第一,小楷又为子昂诸书第一。"其书风遒媚、秀逸,结体严整,笔法圆熟,世称"赵体"。与颜真卿、柳公权、欧阳询并称为楷书"四大家"。

由于赵孟𫖯身为宋朝宗室,却做了元朝的高官,所以,对他的评价在历史上是不同的,我们可以简单地分为以下几种:

第一,元朝的统治者对赵孟𫖯的评价。鉴于赵孟𫖯的学识很高和身份的特殊性,加上他在任职中也确实为元朝政府和老百姓做了一些好事,元代的最高统治者对他礼遇有加,态度甚睦,极为赞赏。元世祖初次见到他，就惊呼他是"神仙中人"，让他坐于右丞相叶李之上。为皇帝写诏书，元世祖说"得朕心之所欲言者也"。除掉桑哥之后，皇帝对他更是信任有加，委托他"参决庶政，以分朕忧"。"有旨，许公（孟頫）出入宫无间"。元成宗和元武宗对他同样礼遇优厚，但宠幸最深的还是元仁宗爱育黎拔力八达，仁宗告诉侍臣们说："文学之士，世所难得，如唐李太白，宋苏子瞻，姓名彰彰然，常在人耳目。今朕有赵子昂，与古人何异。"又曾与左右论及孟頫，人所不及者有：帝王苗裔，一也；状貌昳丽，二也；博学多闻知，三也；操履纯正，四也；文词高古，五也；书画绝伦，六也；旁通佛老之旨，造诣玄伟，七也。元朝皇帝对赵孟頫如此，虽然一些蒙古族官员从自身利益出发对他很猜忌，但很多人对他还是很尊崇的。如不可一世的桑哥对赵孟頫就很敬重，尽管这种敬重或许不是出自本心。

第二,艺术界对赵孟頫的书画文学的评价。撇开对赵孟頫人品的评论,如果单单谈论他的书画文学,文艺人士对其作品和性情都是赞赏的。前面我们已经说过,赵孟頫在绘画史上是连接南宋和元末及明朝的关键人物。由于元代社会的特殊性,产生了一代抒情写意画,南宋的山水画脱离了自然,故不是典型的写意画。所谓写意画,指的是作者随手点染地写出客观自然的意态,但在客观自然的意态中也能表露作者的真实心意。中国的士人受儒、道精神影响较多,儒、道两家都是反对偏激的,它们主张中庸、柔和,所以,南宋那种表现激烈情绪的绘画,除了在特定的历史时期外,士人们是很难完全接受的。赵孟頫的艺术与此完全吻合,他的艺术是温润整暇的,而不是刚猛峻拔的;是柔顺清雅的,而不是气势磅礴的；是清和平淡的，不是奇险怪谲的；是内敛的，不是外露的；风格手法是多种多样的，不是单一简纯的，这些都是他人格的体现，也正是这些开了一代新画风。

赵孟頫在绘画美学思想中有三个方面，必须注意：一是特别看重传统，也就是重"古意"，二是注重师法自然，三是重视书法笔意。这三点在他的名画中都有很突出的表现。董其昌总结赵孟頫画风时曾如此说："兼右丞北苑二家画法，有唐人之致，去其纤。有北宋之雄，去其犷。故曰师法取舍，亦如画家以有似古人不能变体为书奴也。"杨载这样说："他人画山水、竹石、人马、花鸟，优于此或劣于彼，公（赵孟頫）悉造其微，穷其天趣。"元代的书画家无一不对赵孟頫推崇备至，正如元人夏文彦在《图绘宝鉴》里所称"（赵孟頫）荣际五朝，名满四海"。赵孟頫在元

走出的书画大家赵孟頫

朝文人中最为显赫。绘画史上的"元四家"之一的倪云林视赵孟頫的画为宝,盛赞他说:"赵荣禄高情散朗,殆似晋宋间人,故其文章翰墨,如珊瑚玉树,自足照映清时,虽寸缣尺楮,散落人间,莫不以为宝也。"又说"黄翁子久,虽不能梦见房山、鸥波,要亦非近世画手可及"。推崇之高,可见一斑。此外,"元四家"中的黄子久是赵孟頫的学生,王蒙则是赵孟

頫的外孙,元画在画史上的高峰地位实际上就是赵孟頫开创的。元代的大鉴赏家柯九思更是声称:"国朝名画谁第一,只数吴兴赵翰林。高标雅韵化幽壤,断缣遗楮轻黄金。"可见他的绘画和绘画思想影响之大。元代的画家、评论家一致推崇赵孟頫为元画领袖。元、明、清的绘画家、绘画评论家、收藏家以及绘画史的记载,几乎都要提到赵孟頫。明代的

大文人王世贞在《艺苑卮言》中称："赵松雪孟頫，梅道人吴仲圭，大痴老人黄公望子久，黄鹤山樵王蒙叔明，元四家也。高彦敬（高克恭）、倪云林、方方壶，品之逸者也，盛懋、钱选，其次也。"屠隆在《画笺》中称："若云善画，何以上拟古人，而为后世藏宝？如赵雪松（孟頫）、黄子久、王叔明、吴仲圭之四大家，及钱舜举、倪云林、赵仲穆辈，形神俱妙，绝无邪学，可垂久不灭。此真士气画也。"项元汴的《蕉窗九录》中也有类似的话。董其昌因为对赵孟頫的人品不满，重新排定"元四大家"，但他对赵孟頫的艺术仍然是十分推崇的，他说："胜国时画道独胜于越中，若赵吴兴、黄鹤山樵、吴仲圭、黄子久，其尤卓然者。"《画旨》又说："赵集贤（孟頫）画为元人冠冕。"董其昌更说："湖州一派，真画学所宗也。"因此他又认为"元时画道最盛"，是倪、黄诸人因"由赵文敏提醒品格,眼目皆正"之故。董其昌的门人都认为赵孟𫖯是画学正宗。王时敏说:"赵文敏,当至元、大德间,风流文采,冠冕一时,画更高华闳丽,类其为人。"又说:"赵于古画法中,以高华工丽为元画之冠。"王原祁更是这样说:"元季赵吴兴发藻丽于浑厚之中,高房山示变化于笔墨之表,以后王蒙、黄公望、倪云林、吴镇阐发其旨,各有言外之意,吴兴、房山之学,方见祖述不虚,董、巨、二米之传,益信渊源有自矣。"

文人们对赵孟𫖯的书法评价也很不一般。他五岁学书,几无间日,何良俊在《四友斋丛说》中称赞赵孟𫖯的书法成就"总百家之功,极众体之妙",终于成为"唐以后集书法之大成者"。赵孟𫖯在追取古法的过程中,无论学习哪一家,都以"中和"的态度学之、出之、变之。钟繇的质朴沉稳,王羲之的潇洒蕴藉,王献之的恣肆流利,李邕的崛傲欹侧,皆取其

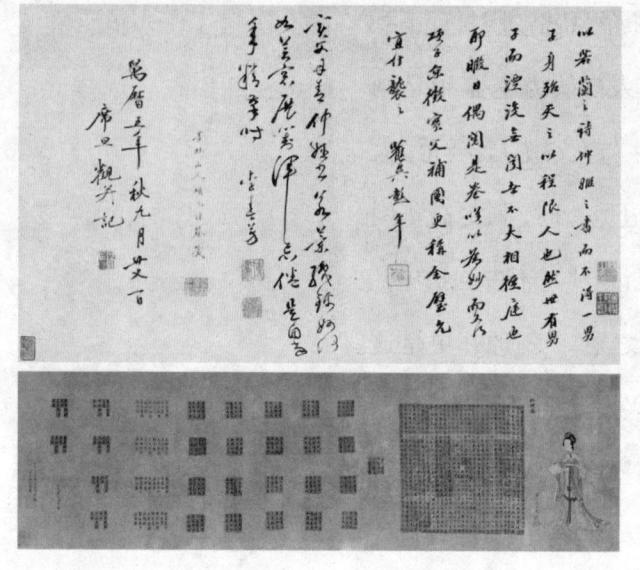

醒目之外，而微妙其意，融入自家笔底。"赵体"在形成以后，于驾驭笔法和结字能力上都十分精熟。元朝末年的顾瑛给赵孟頫的《参同契》写序云："终七千余言，无一滞笔也……如老将用兵，奇正沓出，并皆神妙。"元末卢熊跋《赵魏公二帖》云："本朝赵魏公识趣高远，跨越古人，根柢钟王，而出入晋唐，不为近代习尚所窘束，海内书法为之一变。"这"一变"不仅是元代书坛振兴的标志，其书史意义甚至涵盖了此后五六百年。

赵孟頫传世书迹较多，代表作有《千字文》《洛神赋》《胆巴碑》《归去来兮辞》《兰亭十三跋》《赤壁赋》《道德经》《仇锷墓碑铭》等。著作有《尚书注》

《松雪斋文集》十卷等。赵孟頫在音乐方面也很有天赋，他著有《琴原》《乐原》等律吕方面的文献，得律吕不传之妙。其诗文清邃奇逸，读后让人有飘飘出尘之想。天竺有名僧，数万里来中土求赵孟頫的书迹，回国后，其国家把赵孟頫的书迹当做宝贝。史官杨载称孟頫之才很大程度上被他的书画成就所掩盖，称"知其书画者，不知其文章，知其文章者，不知其经济之学"。很多人都认为这话很中肯。

"先画后书此一纸，咫尺之间兼二美。"赵孟頫书画诗印四绝，当时就已经名传中外，以至日本、印度人士都以珍藏他的

作品为荣,可以说他为当时的中外文化交流也作出了贡献。

赵孟頫是一代书画大家,经历了矛盾复杂而荣华尴尬的一生,他作为南宋遗逸而出来做元朝的官,因此,史书上留下了许多争议,"薄其人遂薄其书",贬低赵孟頫的书风,根本原因是鄙薄他的为人。尽管很多人因赵孟頫仕元而对其书画艺术提出非难,但是将非艺术因素作为品评书画家艺术水平高低的做法,显然是不公正的。

曾有后人如此赞扬赵孟頫:

元初年,赵子昂,大画家,名声扬;称全才,无不强,山水画,尤擅长。

画花鸟,入帖章,画人马,

精神壮；步前代，新风创，作品多，皆精良。

人骑图，意从容，人雍和，韵味浓；疏竹图，书画通，笔苍劲，不同风。

其夫人，管道昇，亦善画，竹兰精；弟子利，同闻名，一家人，聚菁英。

赵孟頫是宋太祖赵匡胤的第十一世孙，秦王赵德芳的后人。他自幼学习书画文章，苦下工夫，加上自己的灵感妙悟，最终各方面都脱颖而出，成为一代宗师，可是在他生活的那个时期，做了元朝的官员，难免会有很多人看不起他的人品，进而诘难他的作品。下面我们只谈论他的书画艺术对后世的影响。

赵孟頫在艺术方面是一

个难得的全才,是画坛变革转型时期承前启后的大家。他有以下几方面突出的成就值得注意:

一是他提出"作画贵有古意"的口号,扭转了北宋以来古风渐殁的画坛颓势,使绘画从精工琐细转向质朴自然。二是他提出以"云山为师"的口号,强调了画家的写实基本功与实践技巧,克服"墨戏"的陋习。三是他提出"书画本来同"的口号,以书法入画,使绘画的文人气质更为浓烈,韵味变化更强。四是他提出

"不假丹青笔,何以写远愁"的口号,以画寄意,使绘画的内在功能得到深化,涵盖更为广泛。元代的写意画也是从此而发端。五是他在人物、山水、花鸟、马兽等许多画科都有成就,画艺全面,并有创新。六是他的绘画、书法、诗、印之美,相得益彰。七是他在南北统一、蒙古入主中原的政治形势下,吸收南北绘画之长,复兴中原传统画艺,维持并延续了它的发展。八是他能团结包括高克恭、康里子山等人在内的少数民族艺术家,共同繁荣

中华文化。

特别应当指出的是,赵孟頫的山水画不但将钩斫和渲淡、丹青和水墨、重墨和重笔、师古和创新,乃至高逸的士大夫气息与散逸的文人气息综合于一体,使"游观山水"向"抒情山水"转化;而

且使造境与写意、诗意化与书法化在绘画中得到调和与融洽，为"元季四大家"（黄公望、王蒙、倪瓒、吴镇）那种以诗意化、书法化来抒发隐逸之情的散逸风格的文人画的出现，奠定了坚实的基础。作为一代宗师，不仅他的友人高克恭、李

仲宾,妻子管道昇,儿子赵雍受到他的画艺影响,而且弟子唐棣、朱德润、陈琳、王渊,外孙王蒙,乃至元末黄公望、倪瓒等人都在不同程度上继承发扬了赵孟頫的美学观点,使元代文人画久盛不衰,在中国绘画史上写下了绮丽奇特的篇章。他本人的画更被后世称为"神品",成为中华优秀文化中十分亮丽的一笔。

在绘画理论方面,虽然中国画历代都注重传统,但是都没有像赵孟頫那样强调到如此高度,他的"作画贵有古意,若无古意,虽工无益"的说法,把"古意"提到"本"的地位,他虽然也主张师法自然,但没有重视到"古意"的程度,这对元代和明清两代的影响十分巨大。元代画家的画不是师从李、郭,便是师从董、巨。元以后,中国山水画一直在"古意"中寻找出路。明初浙派盛行,从南宋院体中寻找出路。明中期,吴派兴起,又回到董、巨、"元四家"中去,明末董其昌

"南北宗论",仍然是在"古意"中寻找门径,清初的保守复古势力更是向"古意"乞讨。他们更过分发展了赵孟頫的古意说,以致达到了不当的程度。

元代的画家,自赵孟頫之后,无论是"元四家"还是朱德润、曹云西,还是唐棣,或者是一些无名氏的青山绿水,基本上都可以从赵孟頫的山水画中寻找到依据。诚然,"元四家"的水墨山水画在赵孟頫的基础上更进了一步。明清山水画主流基本上都是沿着"元四家"的路走的,这里当然有赵孟頫的影响。一句话,没有赵孟頫就没有"元四家",也就没有与"元四家"对立的李、郭阵容。元、明、清三代山水画的发展,赵孟頫是第一个关键的人物。

书法在元代也有很长足的发展,这种发展当然与统治者的重视有关。在毛笔作为主流书写工具的时代,书法不仅仅是文人抒发性情的技艺,其作为文字载

体的实用功能是统治者尤其是想要坐稳江山的异族统治者所不能忽视的。元世祖虽然不擅长书写,可是他却让太子向名儒学习书法,元初功臣,如宰相耶律楚材(契丹人)和汉人翰林承旨姚枢、国子祭酒许衡、太保刘秉忠等人都擅长书法;此后仁宗、英宗、文宗、顺帝都研习书法,尤其是文宗,其兴趣之浓堪比唐太宗,他于天历二年建立了奎章阁,汇集了当时一批重要的书法家,还任命柯九思为奎章阁鉴书博士，专门鉴定内府所藏的名书名画。这无疑是一个有利于书法发展的大环境，不过，元代书法发展最为突出的因素并不是帝王在一定程度上的倡导与支持，而是赵孟頫以其遒媚秀丽的"复古"书风及其荣际五朝，官居一品，于朝于野一呼百应的影响力所决定的。《元史·赵孟頫传》云："（元仁宗）以赵孟頫比唐李白，宋苏子瞻。又尝称赵孟頫操履纯正，博学多闻，书画绝伦，旁通佛、老之旨，皆

人所不及。"

赵孟頫的复古书风是元代书法的主流，追随者多是名公大臣、翰林学士等高层知识分子。但是由于元代特殊的社会结构，使得一大批具有优厚的生活条件并受过良好的儒学教育的知识分子不能出仕为国效力。他们只得隐逸于江湖，或参禅问道，或寄情书画，用以排遣自己那短暂又漫长的一生。这种超然于政治体制之外的士人群体，历代都不乏其人，也就是所说的隐士，也有叫高士、逸士、处士的。隐士们以高标自许，洁身自好，不承担社会义务，无案牍之劳形，故其诗文书画皆有浓郁的出世色彩，不人云亦云，不墨守成规，以超凡脱俗、淡泊率真的"逸"的境界为旨归。不过元代的隐士是无缘仕途而不得已处江湖之远的，或是当了官之后害怕仕途艰险而退身自保的，加上他们与赵孟頫等出世为官的士人原本社会地位相同，因此大多数江湖隐士与庙堂文人在审美趣味上并无二致。就书法一技而言，隐士们也大都受赵孟頫的书风影响，呈现出一派温文尔雅的古典气质。如"元四家"的黄公望和王蒙，一个是赵的弟子，一个是赵的外孙，此二人都是隐逸之士，但是书法、绘画都受到赵孟頫的深刻影响，他们的艺术主张十分接近。

赵孟頫的名声只是因为他出仕元朝而遭到后人的抑制，但他在中国书画史上的实际影响一直是十分重大的。鉴于赵孟頫在美术与文化史上的成就，1987年，国际天文学会以赵孟頫的名字命名了水星环形山，以纪念他对人类文化史的贡献。散藏在日本、美国等地的赵孟頫书画墨迹，都被人们视为珍品而妥善保存至今。

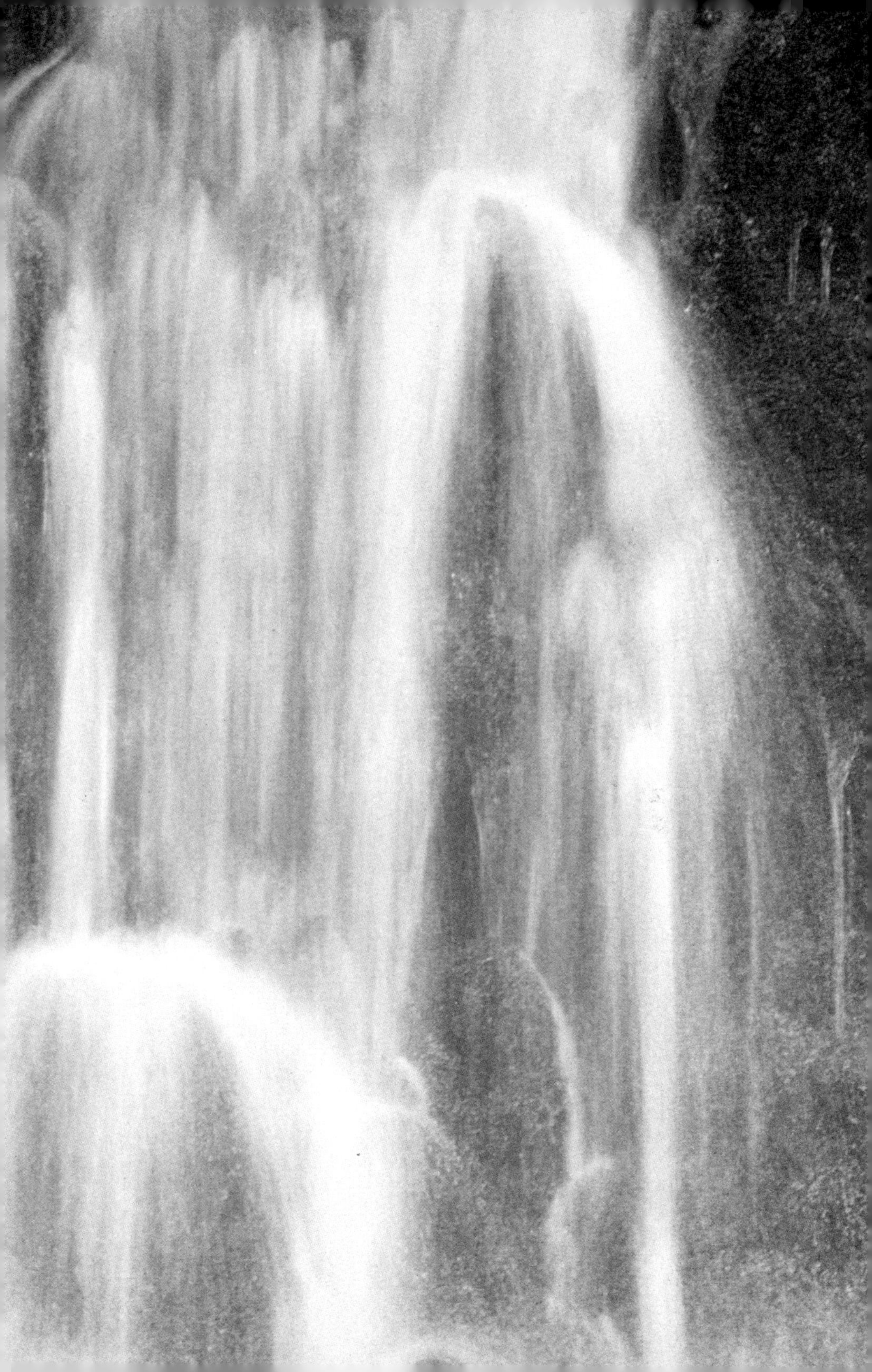